KB139700

딥러닝 인 더 브라우저

Deep Learning in the Browser

1쇄 발행 2020년 2월 20일

지은이 자비에르 보우리, 카이 사사키, 크리스토프 코너, 레이이치로 나카노
옮긴이 이수진
펴낸이 장성두
펴낸곳 주식회사 제이펍

출판신고 2009년 11월 10일 제406-2009-000087호
주소 경기도 파주시 회동길 159 3층 3-B호
전화 070-8201-9010 / **팩스** 02-6280-0405
홈페이지 www.jpub.kr / **원고투고** jeipub@gmail.com
독자문의 readers.jpub@gmail.com / **교재문의** jeipubmarketer@gmail.com

편집팀 이종무, 이민숙, 최병찬, 이 슬, 이주원 / **소통·기획팀** 민지환, 송찬수 / **회계팀** 김유미
진행 및 교정·교열 장성두 / **내지디자인** 최병찬 / **표지디자인** 미디어픽스
용지 신승지류유통 / **인쇄** 해외정판사 / **제본** 광우제책사

ISBN 979-11-88621-83-5 (93000)
값 20,000원

제이펍은 독자 여러분의 책에 관한 아이디어와 원고 투고를 기다리고 있습니다. 책으로 펴내고자 하는 아이디어나 원고가 있는 분께서는 책에 대한 간단한 개요와 차례, 구성과 저(역)자 약력 등을 메일로 보내주세요. jeipub@gmail.com

딥러닝 인 더 브라우저

Deep Learning In The Browser

자비에르 보우리, 카이 사사키, 크리스토프 코너, 레이이치로 나카노 지음 / 이수진 옮김

Jpub 제이펍

차례

CHAPTER **8**

TensorFlow.js 애플리케이션 개발 — 185

옮긴이 머리말

2020년 올해는 알파고가 등장한 지 4주년이 됩니다. 구글의 딥마인드가 제작한 인공지능 알파고가 이세돌을 완파했던 세기의 대결에 전 세계 사람들이 열광했습니다. 본격적으로 '인공지능의 시대'가 도래했음을 알렸던 혁명적인 신호탄이었습니다. 과학자와 연구자들만 사용하던 머신러닝과 딥러닝이라는 생소한 단어가 이제는 동네 카페에 앉아 커피를 마시며 누구나 이야기할 수 있는 주제가 되었습니다. 체스나 바둑을 두었던 인공지능은 택시 드라이버가 되어 운전을 하고, 음악가가 되어 작곡을 하며, 화가가 되어 놀라운 그림을 그리고, 작가가 되어 소설도 쓰고 있습니다. 매일 저녁 새로운 인공지능 기술이 나왔다는 뉴스를 들으며 저녁 식사를 하는 것도 평범한 일상이 되었습니다.

하지만 웹 개발자인 제가 인공지능 기술을 실제로 가까이에서 느끼고 개발해 보게 될 줄은 꿈에도 몰랐습니다. 구글은 2018년에 텐서플로 서밋과 구글 I/O에서 처음으로 자바스크립트 버전의 TensorFlow.js를 공개하며 node.js에서 학습과 실행이 되는 딥러닝 웹 애플리케이션 데모를 발표했습니다. 당시에 유튜브로 실시간으로 시청하며 큰 영감을 받았는데, 저에게는 제2의 알파고 대국과 같은 역사적인 순간이었습니다. 이후 구글은 얼굴 검출, 텍스트 인식, 바코드 스캐닝, 라벨 등 모바일 사용 환경에서 자주 쓸 만한 머신러닝 모델들이 탑재된 모바일 버전 ML Kit을 발표했고, 사물인터넷 디바이스 버전의 TensorFlow Lite도 공개했습니다. 이제는 어떤 디바이스와 사양에서도 구애받지 않고 누구나 딥러닝을 활용한 애플리케이션을 만들고 개발할 수 있는 시대가 열린 것입니다. 더욱이 자바스크립트 언어 하나로 모든 것이 가능하다니 참으로 놀라운 일입니다.

하지만 여전히 저를 포함한 많은 개발자에게 인공지능은 떫은맛이 날까 두려워 못 먹는 감과 같은 존재가 아닐까 합니다. 시중에 머신러닝과 딥러닝에 관한 학습자료가 많아졌지만, 관련된 배경지식과 수학적 기초가 충분하지 않은 개발자가 이 엄청난 양의 고급 지식을 단기간에 배우기는 쉽지 않은 일입니다. 머신러닝과 딥러닝 관련 오픈소스, 라이브러리, 데모가 공개되어 있지만 어떻게 활용해야 할지도 막막합니다. 딥러닝을 활용한 웹이나 앱 애플리케이션을 만드는 자료도 희박합니다. 알파고와 바둑을 두는 웹 애플리케이션을 만들고 싶은 꿈을 가진 개발자는 어디서부터 시작해야 할까요?

저는 그 질문에 대한 해답을 이 책에서 찾았습니다. 저처럼 이제 막 딥러닝의 세계로 뛰어든 웹 개발자라면, 이론과 실제라는 엄청난 간극을 메울 수 있는 최고의 책이 될 것입니다. 이 책을 통해 수학적인 이론에 그치지 않고 다양한 딥러닝 모델을 사용한 데모를 실제로 개발해 보며 딥러닝의 세계를 직접 맛볼 수 있을 것입니다. 특히, 저자들의 실제 딥러닝 애플리케이션 개발 경험을 통해 얻었던 팁에서 이 책의 정수를 느낄 수 있을 것입니다.

이 책이 나올 때까지 많은 분의 수고와 인내의 시간이 필요했습니다. 딥러닝과 웹이라는 다른 영역에서 어디로 갈지 몰라 한창 방황하며 고민하고 있을 때, 이 책을 소개해 주신 장성두 대표님께 이 지면을 빌려 깊은 감사의 말씀을 드립니다. 늦은 원고에도 오랜 시간 기다려 주시고 잘 다듬어 멋진 작품을 만들어 주신 관계자 여러분에게도 감사드립니다. 그리고 귀중한 시간을 내어 베타리뷰에 참여해 주신 공민서, 김용현, 김정수, 박찬성, 안병규, 장윤경, 정욱재, 정태일, 황도영 님께도 감사드립니다.

마지막으로, Tensorflow.js 새 버전에 발맞춘 내용을 이 책의 공식 깃허브 저장소(https://git.io/Jvso3)와 개인 블로그(https://sujinlee.me)에서 꾸준히 반영할 것을 약속드립니다. 딥러닝과 웹의 만남에 대한 여러분의 이야기를 기다리겠습니다.

— 이수진

'한 번 작성한 코드를 어느 곳이든 돌아가게 만드는 것(Write Once, Run Anywhere)'은 개발자들의 아주 오래된 숙원 사업이었습니다. 컴퓨터 사양과 성능, 모니터 해상도, 운영 체제 등 어떠한 환경에도 상관없이 동일한 프로그램이 실행된다면 이 세상은 완벽할 것입니다. 그리고 마침내 가상 머신(virtual machine)의 탄생으로 그 꿈이 이뤄졌습니다. 가상 머신은 물리적인 컴퓨터에 추상화된 컴퓨터로, 물리적인 컴퓨터와 같이 소프트웨어를 실행하고 설치할 수 있는 소프트웨어를 말합니다. 서로 아키텍처가 달라도 가상 머신은 동일하기 때문에 코드를 한 번만 작성하고 컴파일하면 됩니다. 1994년에 최초의 크로스 플랫폼인 자바 가상 머신의 출현으로 본격적으로 크로스 플랫폼의 시대가 열렸습니다.

1990년대 초, 월드 와이드 웹(World Wide Web)은 이제 막 발걸음을 뗀 단계였습니다. 네트워크상에서 사용자가 동일한 파일 형식을 거쳐 글을 읽고 쓸 수 있어야 했습니다. HTML 언어가 문서 텍스트 표준으로 채택되면서 웹페이지 내에 텍스트 콘텐츠를 표시할 수 있게 되었습니다. 그러나 사용자들의 다양한 요구를 채우기에는 매우 부족했습니다. 1990년대가 끝나갈 무렵, 인터넷은 단순한 공유 저장소 이상을 넘어서게 됩니다. 사용자와 콘텐츠, 사용자와 사용자를 연결하는 동적인 사용자 경험과 상호작용이 필요했고, 이를 위해 웹브라우저에 자바스크립트가 도입되었습니다. 그리고 웹은 무엇이든 가능한 만능 튜링 기계로 탈바꿈하게 되었습니다. 그러나 자바스크립트는 그 성능과 속도가 현저히 낮아 대규모 애플리케이션 개발에 적합하지 않은 언어였습니다. 그래서 상대적으로 자바 가상 머신과 자바 언어가 널리 쓰였습니다. 대부분의 브라우저가 자바 애플릿을 웹페이지 안에 실행할 수 있었기 때문입니다.

하지만 그 이후 자바스크립트는 꾸준하게 성장하고 발전하면서 강력한 언어가 되었습니다. 1997년에 자바스크립트 첫 번째 표준 규격인 ECMA 스크립트가 발표되며 자바스크립트 역사에 큰 획을 긋게 됩니다. 웹 어셈블리와 ASM.js로 네이티브 언어에 필적하는 빠른 애플리케이션을 구현할 수 있게 되었습니다. 오늘날 자바스크립트로 웹에서 우리가 상상하는 거의 모든 것을 만들 수 있습니다. 새로운 웹 API의 도입으로 웹브라우저에서 컴파일된 애플리케이션을 실행할 수 있습니다. 웹 WebGL로 브라우저에서 인터랙티브한 3D 그래픽을 그릴 수 있고, WebRTC로 실시간으로 오디오, 비디오, 데이터 통신이 가능하며, Gamepad API로 게임 패드 컨트롤러를 조작할 수 있고, WebAuido로 오디오의 처리와 합성을 할 수 있습니다. 그 외에도 WebXR로 웹에서 증강현실과 가상현실을 만들 수 있습니다. 자바스크립트는 웹과 앱의 경계를 허물고 있습니다. Node.js로 서버 측 애플리케이션을, 일렉트론(Electron)으로 데스크톱 애플리케이션을 구현할 수 있고, 프로그레시브 웹 애플리케이션으로 크로스 플랫폼 웹 애플리케이션을 만들 수 있습니다. 이미 많은 대규모 서비스 제품에서 Angular, React.js, Vue.js 노드 패키지 매니저(Node Package Manager, NPM) 등을 사용하고 있습니다. 자바스크립트는 지금도 끊임없이 혁신에 혁신을 거듭하고 있습니다. 과거 유명했던 VBScript, Flash, Silverlight, 그리고 자바 가상 머신까지 웹브라우저에서 모두 퇴출당하였으며, 자바스크립트는 웹뷰 컴포넌트를 거쳐 자바 애플리케이션을 임베딩합니다. 자바스크립트와 자바의 역할이 뒤바뀐 셈이죠. 자바 가상 머신 첫 출시 직후 한 번 작성한 코드가 모든 곳에서 실행할 수 있었다면, 25년이 흐른 지금 무슨 일이 일어났을까요?

웹브라우저에 새로운 자바스크립트 기능이 추가되는 한편, CUDA, OpenCL 등 GPU 병렬 컴퓨팅 라이브러리와 GPU의 활용으로 인공 신경망의 성능이 향상되었습니다. 인공 신경망은 자연어 처리, 번역, 안면 인식, 분류, 이미지 세분화, 챗봇 등 다양한 분야에서 활용되며 아주 빠른 속도로 진화하고 있습니다. 딥러닝 전문가가 아니더라도 Theano, Tensorflow, cloud GPU 등 오픈소스 딥러닝 프레임워크를 사용해 누구나 딥러닝 기술을 사용할 수 있습니다.

그간 딥러닝 기술은 서버 측에서 주로 다뤄졌으나, 클라이언트에서도 충분히 구현할 수 있습니다. 이유는 다음과 같습니다. 첫째, 효율적인 딥러닝을 위해서는 GPU를 사용해야 하는데, 지금은 모바일 기기의 GPU 성능만으로도 충분합니다. 둘째, 신경망 모델이 무겁다고 해도 5세대 이동통신에서도 데이터를 빠르게 전송할 수 있습니다. 셋째, Tensorflow.js와 같이 자바스크립트에서 네트워크 모델을 실행하기 위해 오픈소스 프레임워크를 구축해야 합니다. 더욱이 클라우드 컴퓨팅(cloud computing) 시대가 저물고 에지 컴퓨팅(edge computing)이 부상하면서 사물이나 기기 근처의 에지 단에서 데이터 분석 및 처리를 분담함으로써 과다한 데이터 트래픽 발생을 막고 안정적인 실시간 처리가 가능해졌습니다. 이렇듯 기술적인 어려움 없이 딥러닝을 활용한 웹 애플리케이션을 만들 수 있습니다.

클라이언트 측에서의 딥러닝 애플리케이션 구현은 큰 이점이 있습니다. 서버 측에서 처리할 수 없는 브라우저 입력을 제어할 수 있고, 마이크 오디오나 웹캠 비디오를 사용해 실시간 입력 처리가 가능합니다. 또한, 연결 중단을 제어할 수 있어서 애플리케이션의 확장성 및 안정성을 향상시킵니다. 자바스크립트의 모든 장점을 총망라한 소프트웨어와 같습니다. Node.js로 서버 측에서 테스트할 수 있고, 프로그레시브 웹 앱이 적용된 모바일 애플리케이션 또는 데스크톱 애플리케이션을 개발할 수 있습니다. 별도의 설치 프로그램 없이 사용자는 안전하게 테스트할 수 있습니다.

이 책은 딥러닝과 웹 개발의 교차점에 있습니다. 두 기술 모두 성숙 단계에 접어들었고, 이들이 만난다면 누구도 상상하지 못한 환상적인 애플리케이션을 만들 수 있습니다. 모두 모험을 시작할 준비가 되었나요? 이 책을 통해 여러분들은 자바스크립트 딥러닝 프레임워크 물론 웹 개발과 WebGL 사용법도 배울 것입니다.

지난 반세기의 컴퓨터 역사가 그렇듯, 컴퓨터는 일상 속으로 점점 가까이 파고들고 있습니다. 군에서나 사용하던 슈퍼컴퓨터는 개인용 컴퓨터가 되어 우리 집 안방으로 들어왔으며, 크기는 점점 작아져 노트북과 태블릿 PC가 되어 가방 속으로 들어갔고, 스마트폰이 되어 우리 손바닥 안으로 들어왔습니다. SF 영화에서 보던 가상/증강현실을 보여주는 스마트 글라스는 이미 상용화 단계에 이르렀습니다. 인터넷은 우리 삶에 더

욱 깊숙이 관여할 것이며, 현재 인류가 당면하고 있는 여러 문제를 딥러닝으로 해결할 수 있을 것입니다. 딥러닝이 적용될 수 있는 분야는 무궁무진하지만, 딥러닝을 활용한 웹 애플리케이션 개발은 이제 막 시작 단계입니다. 곧 엄청난 큰 거인으로 성장하기 전인 바로 지금이 공부하기 좋은 때라고 생각합니다.

모두가 이 책을 즐겁게 읽고, 깊이 탐구하기를 바랍니다. 독자 여러분들의 새로운 도전을 응원합니다.

이 책의 예제

이 책의 모든 예제 코드는 아래 링크에서 확인할 수 있습니다.

- https://git.io/Jvso3

가위바위보 게임 데모 웹사이트는 아래 링크에서 확인할 수 있습니다.

- https://git.io/Jedu0

텍스트 생성 모델 데모 웹사이트는 아래 링크에서 확인할 수 있습니다.

- https://git.io/Jedu3

저자 소개

- **자비에르 보우리(Xavier Bourry)**

  StartupJeeliz의 대표 겸 CTO이자 딥러닝 전문가다.
  트위터 @xavierbourry

- **카이 사사키(Kai Sasaki)**

  ARM의 시니어 소프트웨어 개발자이며, Apache Hivemall의 오픈 소스 커미터로 활동하고 있다.
  트위터 @Lewuathe

- **크리스토프 코너(Christoph Körner)**

  마이크로소프트 아일랜드에서 TSP 데이터 및 인공지능 처리 업무를 담당하고 있다.
  트위터 @ChrisiKrnr

- **레이이치로 나카노(Reiichiro Nakano)**

    Infostellar의 소프트웨어 개발자이자 머신러닝 전문가다.

    트위터 @reiinakano

베타리더 후기

🐾 공민서(이글루시큐리티)

자바스크립트를 통해 GPU를 제어하며 브라우저상에서 나만의 딥러닝 애플리케이션을 만들 수 있는 가능성을 보여주는 책입니다. 웹 개발의 워크플로를 어느 정도 아는 독자들이라면 이른 시간에 애플리케이션의 틀을 만들고 기능을 고도화시키는 것에 주력할 수 있을 것입니다. 이 책은 이를 위한 기반을 다져주는 책이라 생각합니다.

🐾 김용현(Microsoft MVP)

딥러닝에 관심 있는 프런트엔드 웹 개발자라면 이 책으로 딥러닝의 필수적인 내용을 정리하면서 쉽게 샘플 프로젝트에 적용시킬 수 있을 것입니다. 어쩌면 자신 없을 수 있는 비동기 함수나 GPU 사용법에 대해 충분하게 설명되어 있고, TensorFlow.js나 Keras.js 프레임워크의 다양한 예제가 포함되어 있으며, Chart.js를 이용한 표현 방법과 '파이썬으로 개발 후 포팅하고 이런 점은 주의하라'와 같은 실전 팁까지 담겨 있습니다. 결과물을 빠르게 내야 하는 학부 졸업작품용 실전 참고 도서로도 손색없을 것 같습니다.

🐾 김정수(NHN)

딥러닝 기술을 웹에서 활용하기 위한 전반적인 내용을 담고 있는 책이며, 단순한 활용보다는 동작에 관한 필수 개념을 잘 정리하고 있습니다. 현업에서 딥러닝 기술을 웹에 적용한다면 좋은 가이드가 될 것 같습니다. 다만, 처음 딥러닝을 배우기 위한 독자보다는 어느 정도 딥러닝을 알고 있고 웹에 적용해 보고자 하는 독자들에게 안성맞춤인

책인 것 같습니다.

🦅 박찬성(한국전자통신연구원)

자바스크립트로 애플리케이션 개발을 해보신 분 중 딥러닝을 스킬 세트에 추가하고자 하는 이에게 적합한 책입니다. 웹뿐만 아니라 데스크톱 앱 개발까지 자바스크립트의 영역이 확장되고 있기 때문에 도서 제목과는 달리 브라우저 외에서도 활용할 수 있을 것 같습니다. UI/UX 개발에는 적합하지 않은 파이썬의 단점까지 보완하여 딥러닝 앱 개발의 가능성을 보여주는 책입니다.

🦅 안병규(로보소프트)

이 책은 최근 관심을 많이 받는 딥러닝, 특히 웹 환경에서 동작하는 딥러닝 알고리즘에 대해 이야기하고 있습니다. 또한, 딥러닝을 위한 여러 기초 내용을 같이 언급하여 설명하고 있어서 알고리즘에 대해 고민해 볼 수 있는 기회도 되었습니다. 웹 환경에서는 딥러닝 실행을 위한 별도의 운영환경 구축이 필요하지 않아 사용자들이 쉽게 접근할 수 있을 것 같습니다.

🦅 장윤경(LG전자)

이 책은 딥러닝 프레임워크, 자바스크립트, WebGL까지 광범위한 내용을 유기적으로 엮어 다루고 있습니다. 또한, 복잡한 환경 세팅 없이 단 몇 줄만으로도 웹에서 서비스가 가능한 예제들을 다양하게 보여줍니다. 이에 개발자들은 기술에 국한되지 않고 고객 최접점의 서비스에 집중하여 유용한 딥러닝 활용 사례들을 만들어나갈 수 있을 것 같습니다.

🦅 정욱재(스캐터랩)

파이썬을 이용해 서버에서 모델을 학습하고 추론하는 환경이 익숙한 분에게는 브라우저에서의 딥러닝이라는 말 자체가 많이 어색할 수 있다고 생각합니다. 그래서 여러 시도를 해볼 기회를 제공해 준다는 점에서 이 책은 매우 신선했습니다. 내용의 완성도도 높아서 자바스크립트 기반의 머신러닝을 배우기에도 매우 적합한 책이라고 생각합니다.

🦋 정태일(삼성SDS)

이 책은 딥러닝을 이해하기 위한 기초 수학을 시작으로 주요 자바스크립트 딥러닝 프레임워크를 전반적으로 다룹니다. 중간중간 데모 웹사이트와 예제 코드를 활용하여 브라우저에서 결과를 확인하다 보면 복잡한 개념들이 정리되는 느낌을 받을 수 있습니다. 자바스크립트에 관한 기초 지식이 있고 다양한 예제를 통해 딥러닝을 공부하고자 하는 분들에게 좋은 가이드가 될 것으로 생각합니다.

🦋 황도영(NHN)

TensorFlow.js, Keras.js 등 자바스크립트 프레임워크를 이용해 웹브라우저 기반의 딥러닝을 소개합니다. 특히, 가위바위보 게임이나 RNN으로 고양이 그리기 등과 같은 흥미로운 딥러닝 예제 웹페이지들을 사이사이에 접할 수 있어서 끝까지 재미있게 읽었습니다. 딥러닝 입문자가 읽기에는 다소 어려워 보이며, 초/중급 이상의 분들께 추천하고 싶은 책입니다.

제이펍은 책에 대한 애정과 기술에 대한 열정이 뜨거운 베타리더들로 하여금
출간되는 모든 서적에 사전 검증을 시행하고 있습니다

1

딥러닝 소개

이번 장은 딥러닝이란 무엇인지를 알아보고 딥러닝의 근간이 되는 기초 수학 개념을 살펴보겠습니다. 머신러닝은 크게 지도 학습, 비지도 학습, 강화 학습으로 나뉩니다. 이중 가장 많이 사용되는 **지도 학습(supervised learning)**을 중점적으로 살펴보겠습니다. 지도 학습은 입력(데이터)과 출력(정답)이 있고, 주어진 입력에서 출력을 예측하고자 할 때 사용됩니다. 예를 들어, '날씨 예측하기', '주식 시장 변화 예측하기', '스팸 메일 분류하기'와 같은 문제를 해결할 수 있습니다. 지도 학습에는 예측 대상과 특성에 따라 회귀(regression)와 분류(classification)로 구분됩니다. 회귀는 연속적인 숫자를 예측합니다. 예를 들어, 과거의 환율 변동 추이를 보고 향후 환율을 예측하는 일을 할 수 있습니다. 회귀와는 달리 분류는 수치가 아니라 라벨이나 범주를 예측해 서로 다른 항목임을 나타내는데, 한 예로 암이 양성인지 음성인지 판별하는 일을 할 수 있습니다. 회귀를 통해 분류를 구현하거나 분류를 통해 회귀를 구현할 수 있기 때문에 이 둘 중에서 분류를 중심으로 살펴보겠습니다. 분류는 학습 데이터를 이용해 입력과 출력 관계를 파악하는 학습을 거쳐 분류기를 만들고, 이 분류기가 새로운 입력 데이터에 라벨을 붙이거나 특정 값을 예측합니다.

> *n o t e*
>
> 이 책의 모든 코드 예제는 아래 링크에서 확인할 수 있습니다.
> - https://git.io/Jvso3
>
> 가위바위보 게임 데모 웹사이트는 아래 링크에서 확인할 수 있습니다.
> - https://git.io/JeduO
>
> 텍스트 생성 모델 데모 웹사이트는 아래 링크에서 확인할 수 있습니다.
> - https://git.io/Jedu3
>
> 이 책에서는 관계 연산자를 ===(일치 연산자, Strict Equal Operator) 대신 ==(동등 연산자, Equal Operator)로 사용하고 있습니다. == 연산자의 경우 서로 다른 타입이면 타입을 강제로 변환해 비교하므로 복잡하다는 단점이 있습니다. 좀더 정확하게 비교하기 위해서 ===를 사용할 것을 권장합니다. https://mzl.la/2sBvXHm
>
> 이 책에서는 변수 선언 시 var, let, const를 혼용하고 있습니다. ES6부터는 가능한 var 대신 변수를 선언할 때는 let, 상수를 선언할 때는 const를 사용하는 것이 일반적입니다.

첫 번째 절에서는 신경망이 무엇인지, 신경망을 이해하는 데 필요한 기초 수학에 대해 알아볼 것입니다. 이번 장을 읽고 나서 여러분은 항목들을 두 개의 그룹 가운데 하나로 분리하는 이진 분류(binary classification)를 위해 신경망을 훈련시킬 수 있을 것입니다.

두 번째 절에서는 라벨(정답)이 붙은 학습 데이터를 가지고 신경망을 학습시키는 방법을 설명합니다. 손실 함수(loss funtion)가 왜 중요한지, 역전파법(back-propagation) 알고리즘이 어떻게 일어나는지를 알아봅니다. 이어서 경사 하강법(Gradient Descent)과 네스테로프 모멘텀(Nesterov Momentum)과 같은 최적화 방법의 차이점은 무엇인지 알아보겠습니다.

마지막 절에서는 유명 딥러닝 모델인 AlexNet과 ResNet을 소개합니다. 또한, 최신 브라우저 자바스크립트 엔진에서 실행할 수 있는 GoogleNet의 Inception 모듈, SqueezeNet의 Fire 모듈 등 효율적인 층 구조에 대해 알아볼 것입니다.

1.1 신경망을 위한 기초 수학

이번 절에서는 신경망과 딥러닝에 숨겨진 수학 개념을 알아보겠습니다. 입력 데이터로부터 신경망의 출력을 계산하는 **모델 추론(model inference)**에 대해 중점적으로 설명하겠습니다.

일반적으로 신경망 추론은 다중 중첩 선형 가중 함수(multiple nested weighted linear funtion), 비선형 활성화 함수(non-linear activation funtion) 및 정규화(normalization), 이 세 조합으로 구성됩니다. 2차원 세계에서 선형 가중 함수는 1차 방정식을 말합니다. 활성화 함수란, 입력값이 임곗값에 도달하는 즉시 출력을 바꿔주는 함수입니다. 우리가 잘 알고 있는 논리 연산자 또는 비선형 함수 역시 활성화 함수에 해당됩니다. 정규화는 평균 차감과 표준 편차가 주로 쓰입니다.

우리가 중학교 수학 시간 때 배운 일차 함수로도 분류가 가능합니다. 직선을 경계로 두 가지 클래스로 분류되겠지요. 이 방정식에 점 x와 y 좌표를 대입하면 두 개의 거릿값의 부호가 나옵니다.

비선형 활성화 함수는 이 거릿값의 부호를 다른 값으로 바꿔줍니다. 가장 많이 쓰이는 변환은 양수(+1) 또는 음수(-1)로 변환, +1 또는 0으로 변환, 양수 값만 변환, 0 값만 변환 등입니다. 먼저, 활성화 함수를 배우고 나서 수학적 내용을 알아볼 것입니다. 정규화 함수는 평균이 0이고, 표준편차가 1인 형태의 정규분포로 모든 입력값을 0과 1 사이의 실숫값으로 변환하는 함수를 말합니다.

앞서 설명한 대부분은 고등학교 수학 시간에 배웠을 것입니다. 앞으로 여기에 살을 붙여 2차원이 아닌 n차원 공간에서 연산을 수행하고, 함수를 중첩하여 좀 더 복잡하게 만들어 볼 것입니다.

1.1.1 단층 퍼셉트론

1958년에 심리학자 프랭크 로젠블라트(Frank Rosenblatt)는 신경망을 최초로 실현한 퍼셉트론(Perceptron)을 발표했습니다. 퍼셉트론은 생물학적 두뇌 구조를 모방하여 뇌를 형성하는 뉴런(신경세포)을 수학 모델로 만든 것으로, 가장 간단한 인공 신경망 구조 중 하나입니다.

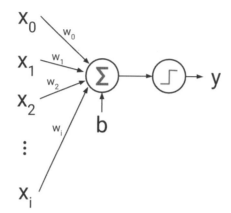

그림 1-1 **퍼셉트론**

그림 1-1을 보겠습니다. 퍼셉트론은 모든 입력 상수 x_i의 가중치 총합을 계산합니다. 만약 가중치 총합이 0보다 크면 활성화 함수인 계단 함수(step function)로 전달됩니다. 식 1-1은 퍼셉트론의 수학적 정의입니다.

$$y = step\left(\sum_i w_i \cdot x_i + w_0 \right)$$

식 1-1 **퍼셉트론 수식**

60여 년 전에 만들어진 이 간단한 퍼셉트론 수식은 최근 주목받고 있는 심층 신경망의 학습 원리와 크게 다르지 않습니다. 퍼셉트론의 수학적 개념은 다차원 직선의 방정식을 사용하여 두 클래스 간의 선형 분리를 통해 이진 분류를 출력하는 것과 매우 유사합니다.

1차 방정식

중학교 수학 시간에 함수를 처음 배울 때 1차 방정식(직선의 방정식)부터 배운 기억이 날 것입니다. 1차 방정식은 수학 함수의 기본이면서 중요하지요. 신경망에서도 마찬가지입니다. 1차 방정식은 다음과 같은 식으로 나타낼 수 있습니다.

$$x_2 = k \cdot x_1 + d$$

식 1-2 **1차 방정식 표준형**

k는 직선의 기울기, d는 절편이며, 두 변수 x_1, x_2가 식 1-2를 만족할 때 변수 x_2는 변수 x_1과 1차 함수 관계라고 말합니다. 우리가 잘 알고 있는 1차 함수식에서 $y = a \cdot x + b$ 에서 상수 a를 k로, b를 d로 상수를 바꾼 것뿐입니다. 여기서 좌변에 모든 항을 이항하고 우변에 k와 d 대신에 $k = -\frac{a}{b}$와 $d = -\frac{c}{b}$를 대입하면 미지수가 x_1, x_2 두 개인 1차 방정식인 $0 = a \cdot x_1 + b \cdot x_2 + c$ 변형식을 얻게 됩니다.

$$0 = k \cdot x_1 + d - x_2$$
$$0 = (-b)(-\frac{a}{b}) \cdot x_1 + (-b)(-\frac{c}{b}) - (-b)(x_2)$$
$$0 = a \cdot x_1 + b \cdot x_2 + c$$

식 1-3 **1차 방정식 일반형**

이제 좌표 $P = (p_1, p_2)$를 1차 방정식에 대입하기 좋은 식이 되었습니다. 또한, 결괏값의 부호로 P가 어느 측면에 있는지를 알 수 있습니다. 식 1-3에 x_i 대신 p_1을, x_2 대신 p_2를 대입하고, 부호 값을 결정하는 함수인 $sign()$을 만들어 결괏값의 최종 부호를 결정하는 식인 식 1-4로 만들 수 있습니다. 즉, 1차 방정식의 경계로 데이터를 나타내는 모든 점을 두 가지 클래스로 분류할 수 있게 됩니다.

$$y = sign(a \cdot p_1 + b \cdot p_2 + c)$$

식 1-4 **1차 방정식 부호 함수**

점 P와 직선 $a \cdot x + b \cdot y + c = 0$까지의 최단 길이인 직선 PH는 두 점사이의 거리 공식(직각 삼각형과 피타고라스의 정리)을 이용해 구할 수 있습니다.

$$PH = \sqrt{(x_2 - x_1)^2 + (y_2 - y_1)^2}$$
$$= \sqrt{(ad)^2 + (bd)^2}$$
$$= \sqrt{(ad)^2 + (bd)^2}$$
$$= |d| \cdot \sqrt{a^2 + b^2}$$

식 1-5 점(x_i, y_i)과 직선 $a \cdot x + b \cdot y + c = 0$ 사이의 최단 거리

이 식에서 절댓값 d를 얻게 되는데, 이 값은 최단 거리의 배수가 됩니다. 분류에서 이 값을 **클래스 스코어(class score)**라고 부릅니다.

지금까지 살펴본 여러 수식이 퍼셉트론 수식과 거의 유사하지 않나요? 단지 차이점은 퍼셉트론의 활성화 함수가 이 식에서는 부호 함수 $sign()$이라는 것이지요.

점 P가 2차원 데이터이며 1차 방정식이 이진 분류 모델이라고 간주해 본다면, y는 클래스 +1 또는 -1을 적용한 결괏값을 반환할 것입니다. 다음 절에서 가장 최적화된 분류를 결정짓는 1차 방정식을 구하는 방법을 알아보겠습니다.

평면의 방정식

공간에서 직선을 방정식으로 표현할수 있듯이, 평면도 방정식으로 표현할 수 있습니다. 1차 방정식을 행렬로 표현하면 2차원 이상의 데이터를 다룰 수 있습니다.

$$0 = \vec{w}^\top \cdot \vec{x} + c$$

식 1-6 **평면의 방정식**

1차 방정식은 가중치 벡터 $\vec{w} = [a\,b]$에 의해 표현됩니다. 이 방정식은 n차원 가중치 벡터 $\vec{w}$와 입력 $\vec{x}$을 사용해 n차원 공간으로 확장될 수 있습니다. 이 다차원 1차 방정식을 **초평면(hyperplane)**이라고 합니다. 기본적인 퍼셉트론의 경우, 초평면으로 n차원 공간을 두 개의 결정 영역으로 분리합니다.

선형 이진 분류

지금부터 논리 연산자인 **계단 함수(step function)**, **부호 함수(sign function)**를 활성화 함수 $h(x)$[1]라고 부르겠습니다. 다음의 식 1-7의 상수 b는 식 1-6의 상수 c를 바꾼 것으로, 바이어스(bias) 항이라 합니다.

$$y = h\left(\vec{w}^{\mathsf{T}} \cdot \vec{x} + b\right)$$

식 1-7 **단층 퍼셉트론 벡터 방정식**

위 식이 바로 일반적인 퍼셉트론 선형 방정식입니다. 퍼셉트론은 입력 벡터와 가중치 벡터의 내적에 바이어스를 더한 값을 활성화 함수에 입력으로 넣어 출력합니다. 다시 말해, 퍼셉트론은 입력 데이터를 두 클래스로 구분하기 위해 선형 함수를 배우는 기계입니다.

그림 1-2에서 두 가지 클래스가 분류된 세 가지 3차원 데이터 세트를 살펴봅시다. 기하학적 도형을 그려 두 클래스를 구별할 수 있습니다.

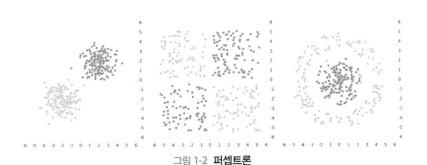

그림 1-2 **퍼셉트론**

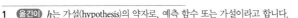

1 **옮긴이** h는 가설(hypothesis)의 약자로, 예측 함수 또는 가설이라고 합니다.

선형 분류기인 퍼셉트론은 직선 하나로 나눈 영역만 표현할 수 있어 2차원 데이터만 분류할 수 있다는 한계가 있습니다. 그림 1-2의 첫 번째 차트는 직선으로 두 클래스를 분류할 수 있지만, 모든 데이터 세트가 선형으로 분리할 수 있는 것은 아닙니다. 그림 1-2의 두 번째와 세 번째 차트는 선형이 아닌 비선형으로 데이터를 분류해야 합니다. 특히, 그림 1-2의 세 번째 차트는 더 정교한 분류기가 필요합니다. 그 예로, XOR 연산자는 선형으로 분리되지 않습니다. 비선형 데이터 세트는 여러 선분의 조합을 사용해 데이터를 분할하고 대각선의 대응을 결합하는 과정을 통해 분류기가 만들어집니다. 다음 절에서 이 부분에 대해 자세히 살펴보겠습니다.

1.1.2 다층 퍼셉트론

이제 우리는 단층 퍼셉트론은 선형 분리 가능한 분류 문제에서만 사용할 수 있다는 것을 알게 되었습니다. 단층 퍼셉트론은 가중치 합만으로 선형 분리를 할 수 있기 때문입니다. AND, OR은 단층 퍼셉트론이지만, XOR은 다층 퍼셉트론입니다. XOR은 선형으로 분리할 수 없는 복잡한 분리 방법이 필요합니다.

다층 퍼셉트론은 여러 개의 퍼셉트론 뉴런으로 구성된 뉴런을 여러 층으로 쌓은 다층 신경망 구조입니다. 한 층에 여러 개의 뉴런을 모아서 각각의 뉴런이 출력 y_i를 생성합니다. 이 층에 모든 뉴런의 가중치와 바이어스를 가중치 행렬 W와 바이어스 벡터 $\vec{b}$로 결합합니다.

$$\vec{y} = h(W\vec{x} + \vec{b})$$

식 1-8 다층 퍼셉트론 벡터 방정식

식 1-8의 $W\vec{x} + \vec{b}$는 **완전연결층(fully-connected layer)**이라고도 불립니다. 완전연결층은 하나의 층에 있는 모든 뉴런과 이웃한 층에 있는 모든 뉴런이 연결하는 계층 구조를 말합니다. 따라서 양쪽 층에 서로 연결된 뉴런의 수를 보고 완전연결층인지 아닌지를 판별할 수 있습니다. 각 뉴런마다 퍼셉트론 방정식을 통해 결괏값을 출력합니다. 따라서 뉴런이 n개라면 n개의 출력을 가집니다.

쉽게 말해, 다층 퍼셉트론은 이전 층의 출력이 다음 층의 입력이 되면서 계속 계층을 쌓아 올리는 구조입니다. 식 1-9는 계층 3개를 쌓아 올리는 과정을 나타낸 수식입니다.

$$\vec{y}_1 = h(W\,\vec{x})\vec{y}_2 = h(\vec{y}_1)\vec{y}_3 = h(\vec{y}_2)$$

식 1-9 **3개의 완전연결층**

다층 퍼셉트론은 **은닉층(hidden layer)**을 갖고 있습니다. 대부분의 딥러닝 구조에서 은닉층(중간층)은 연산 결과를 전달하며 정보를 처리하는 부분입니다. 여러 완전연결층이 쌓여 있는 구조가 바로 우리가 말하는 **인공 신경망(Artificial Neural Networks)**입니다.

여러 은닉층이 있는 모델은 적합한 함수를 구할 수 있지만, 완전연결층보다 학습시키기가 훨씬 더 어렵습니다. 신경망 내의 결합된 오류를 가지고 개별 계층의 가중치를 업데이트할 수 없기 때문입니다.

이 부분은 2장에서 역전파 알고리즘(Back-Propagation Algorithm)을 설명할 때 자세히 알아보겠습니다. 역전파 알고리즘은 결합된 오류를 계층별 오류로 처리하고, 중첩된 계층을 학습시키는 방법입니다.

playground.tensorflow.org에 들어가서 입력 데이터, 활성화 함수, 뉴런, 은닉층 등 파라미터를 다양하게 조절해 보면서 실험해 보길 바랍니다.

1.1.3 합성곱 계층과 풀링층

딥러닝을 이용한 이미지 인식과 음성 인식은 합성곱 신경망이나 합성곱 신경망의 변형을 사용합니다. 그러나 지금까지 본 완전연결층은 2차원 이미지 데이터를 처리하는 데 적합하지 않습니다. 그 이유로, 먼저 학습 가능한 파라미터(모든 W와 $\vec{b}$)의 수가 매우 큽니다. 예를 들어, RGB 이미지 픽셀이 100 × 100이고 단일 신경망에 총 1,024개의 뉴런이 있다면, 학습 가능한 파라미터는 1,024 × 100 × 100 × 3(W의 파라미터) + 1,024 ($\vec{b}$의 파라미터)가 됩니다. 마지막으로, 픽셀값의 이웃은 서로 독립적으로 취급합니다. 가까운 픽셀은 값이 비슷하거나 먼 거리에 있는 픽셀은 관련성이 없는 등 이미지 데이터

속에는 패턴이 숨어 있을 것입니다. 그러나 완전연결층은 모든 입력 픽셀을 동등한 뉴런으로 취급하기 때문에 그 안에 담긴 정보를 무시하게 됩니다.

합성곱 내 가중치 공유

2차원 이미지 데이터를 위한 효과적인 방법은 더 작은 2차원 $n \times n$ 필터(filter)를 사용하는 것입니다. 합성곱 계층에서는 합성곱 연산을 처리합니다. 이미지 처리에서 합성곱 연산으로 필터를 사용합니다. 필터란, 이미지에서 정보를 추출하는 식별자(feature identifier)를 말합니다. 필터의 파라미터는 그동안의 가중치로 모든 입력 n의 가중치 총합을 구합니다. 이미지 데이터에 필터를 일정 간격으로 이동하며, 입력 데이터에 적용시키는 데 입력과 필터에 대응하는 원소를 곱한 후 그 총합을 구하고 결과를 출력에 저장합니다. 이 과정을 위치를 바꾸어 가며 여러 번 반복적으로 수행해 전체 이미지를 수행합니다. 이를 **합성곱**(convolution)이라고 부르며, 컴퓨터 비전 분야에서 윤곽선의 검출, 방울의 검출 등에 활용된 대표적인 신경망입니다.

합성곱 연산은 필터 크기와 파라미터인 **스트라이드**(stride)와 **패딩**(padding), 이 두 용어를 알아야 합니다. 스트라이드와 패딩은 이미지 위치에 따라 필터(또는 **커널**(kernel))를 옮기는 방법을 제어합니다. 스트라이드는 필터가 다음 위치로 움직일 때 움직이는 위치 픽셀 수를 말합니다. 만약 3×3 슬라이드가 1픽셀 간격으로 100×100 입력 이미지 위로 움직인다면, 이미지 테두리마다 1픽셀이 손실되어 출력 이미지 크기는 98×98이 됩니다. 스트라이드 값이 2라면 출력 크기는 절반 값이 됩니다. 반면, 패딩은 입력 이미지 주변을 특정 값으로 채우는 수를 지칭하며, 합성곱의 출력 크기를 제어할 수 있습니다. 일반적으로 입력 데이터 주위를 0으로 채웁니다. 따라서 스트라이드 1과 패딩 1인 3×3 필터는 입력 이미지와 동일한 출력 이미지 크기를 반환합니다.

대다수의 딥러닝 프레임워크가 패딩값을 **valid**와 **same** 옵션으로 정의합니다. 출력 결과가 필터 크기와 스트라이드에 좌지우지되기 때문에 입력과 동일한 출력 크기를 만들거나 유효한 출력 이미지를 생성하려면 이에 맞는 패딩값을 일일이 계산해야 하기 때문입니다. **valid**와 **same** 옵션으로 패딩값을 자동으로 설정할 수 있어 훨씬 더 편리해졌습니다.

합성곱 신경망(Convolutional Neural Networks, CNN)은 2차원 이미지 데이터에 합성곱 연산자를 사용합니다. **인공 신경망**(Artificial Neural Networks, ANN)은 입력 이미지 데이터가 1차원인 반면, CNN은 이미지의 RGB(빨강, 녹색, 파랑) 색상을 표현하기 위해 각각의 픽셀을 가로, 세로, 깊이의 3차원으로 표현합니다. 합성곱 계층을 배치로 구현할 때 4차원 행렬이 되지만, 필터는 배치 볼륨과 관계없이 동일하게 적용됩니다.

2차원 합성곱층(2D Convolution Layer, 혹은 **Conv Layer**라고도 부름)은 2차원 필터로 구성됩니다. 각 2D 필터는 공간 차원을 따라 합성곱을 연산한 다음, 모든 차원에 대한 가중치 합을 연산합니다. 차원 수에 따라 여러 개의 2D 필터를 쌓은 후에 다층 출력 이미지를 생성합니다.

가중치 공유로 인해 합성곱층은 완전연결층보다 훨씬 효율적이며, 2차원 데이터가 지닌 종속성을 활용할 수 있습니다. 이미지 픽셀은 모양, 객체, 텍스처 등을 나타냅니다. 합성곱층에서 학습이 필요한 총 파라미터는 $w \times h \times d \times f + f$개입니다.

파라미터 w는 필터의 가로, h는 높이, d는 깊이이며, f는 필터의 수를 말합니다. 완전연결층과 마찬가지로 합성곱층 뒤에는 대개 비선형 활성화 함수가 따릅니다. 활성화 함수는 뒤에서 자세히 설명하겠습니다.

풀링을 통한 차원 축소

물론, 합성곱층만으로 출력 차원 크기를 제어할 수 있습니다만, 매우 어려운 일입니다. 합성곱층에는 항상 학습 가능한 파라미터를 가지고 있습니다. **풀링**(pooling)은 공간 해상도를 축소하는 서브샘플링(subsampling) 연산입니다. 컴퓨터 비전에 대한 배경지식이 있다면 영상 처리를 위해 가우시안-라플라시안과 같은 이미지 필터에서 서브샘플링 과정을 본 적이 있을 것입니다.

풀링 연산의 비훈련 파라미터 중 하나는 집계(aggregation)를 계산하는 서브샘플링 함수입니다. 그동안 최댓값을 뽑아내는 **max**와 평균값을 뽑아내는 **avg** 풀링 기법이 주로 쓰였습니다. 이 중 **max** 풀링이 경사 하강법이 매우 간단하기 때문에 더 많이 사용됩니다. $n \times n$ 풀링은 n 입력 픽셀마다 적용되어 1 출력 픽셀을 생성합니다. 합성곱과 마찬가지로 스트라이드와 패딩을 사용해 모든 이미지를 이동하며 연산합니다.

1.1.4 활성화 함수

비선형 활성화 함수는 초평면 방정식과 이미지 필터의 가중치 합을 활성화된 신호로 변환하므로 0보다 큰 경우에만 출력값을 반환합니다. 이 함수를 통해 여러 층을 쌓을 수 있기 때문에 신경망에서도 그 역할이 중요합니다. 활성화 함수가 없다면 다층 퍼셉트론은 가중치 합만 가지게 되기 때문에 단일층 방정식으로 다시 바뀌게 됩니다.

활성화 함수 역시 층이 되어 신경망 아키텍처에 내장됩니다. 합성곱과 완전연결층 다음에 삽입됩니다. 활성화 함수 중에서는 **ReLU(Rectified Linear Unit, 렐루)** 및 **ELU(Exponential Linear Unit, E렐루)** 함수가 가장 많이 사용됩니다.

일부 활성화 함수는 신경망 출력 시 중요한 역할을 하기 때문에 네트워크 중 가장 마지막 층에 사용됩니다. **소프트맥스(Softmax)** 함수가 그중 하나입니다. 소프트맥스 함수는 입력값을 0 ~ 1 사이의 값으로 모두 정규화하고, 출력의 총합은 항상 1이 되는 특성을 가진 함수입니다. 다음 절에서는 가장 많이 사용되는 활성화 함수와 그 특징에 대해 살펴보겠습니다.

시그모이드 및 하이퍼볼릭 탄젠트

퍼셉트론 방정식에서 **계단 함수(step function)**가 소개된 이후, **시그모이드 함수(sigmoid function)**는 1980년대 가장 인기 있는 활성화 함수였습니다. 그 이유는 계단 함수와 달리 시그모이드는 함수가 모든 값을 0과 1의 범위로 부드럽게 변경하고 연속적인 값을 얻을 수 있기 때문입니다.

하지만 시그모이드 함수도 완벽하지 않습니다. 출력이 0 또는 1로 가까워지면 기울기가 급속도록 줄어들고 미분값은 0에 이릅니다. 따라서 데이터가 0과 1에 치우쳐 분포한다면 역전파 과정에서 기울기 값이 점점 작아지다가 사라지는 문제가 발생합니다. 이를 **기울기 소실 문제(gradient vanishing problem)**라고 합니다. 이를 해결하기 위해서 시그모이드 함수를 대체할 수 있는 여러 활성화 함수가 고안되었습니다.

시그모이드 함수 식은 다음과 같습니다.

$$sigmoid(x) = \frac{1}{1+e^{-x}}$$

식 1-10 **시그모이드 함수**

그림 1-3 **시그모이드 함수 그래프**

두 번째로 인기 있는 활성화 함수는 **하이퍼볼릭 탄젠트(hyperbolic tangent, tanh)**로, 시그모이드 함수의 크기와 위치를 조절한 함수입니다. 이 함수는 -1과 1의 범위를 갖는데, 시그모이드와 매우 유사한 모양입니다. 탄젠트가 바로 미분한 값의 범위와 함께 확장되는 효과를 가져왔습니다. 또한, 수치 계산이 훨씬 안정적입니다. 수치 안정성은 여전히 훈련 중 그래디언트가 발산하는 위험을 피하기 위해 중요하게 고려해야 할 특성 중 하나입니다. 하지만 여전히 1보다 작은 값이 존재하므로 기울기 소실 문제는 해결되지 않았습니다.

하이퍼볼릭 탄젠트 함수 식은 다음과 같습니다.

$$tanh(x) = \frac{1-e^{-x}}{1+e^{-x}}$$

식 1-11 **하이퍼볼릭 탄젠트 함수**

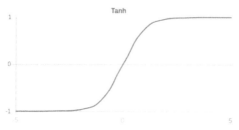

그림 1-4 하이퍼볼릭 탄젠트 함수 그래프

렐루, 리키 렐루, E렐루

현시점에서 가장 많이 사용되는 활성화 함수는 바로 **렐루(Rectified Linear Unit, ReLU)** 함수입니다. 렐루는 기존 선형 함수인 시그모이드를 개선한 함수로, x가 0보다 작을 때는 모든 값을 0으로 처리하고 0보다 큰 값은 x를 그대로 사용합니다. x가 0보다 크면 미분 값이 1이 됩니다.

이와 같은 비선형 함수를 이용해 신경망이 선형 모델에서보다 훨씬 더 복잡한 함수를 학습할 수 있게 되었습니다. 총 그래디언트가 입력층으로 전달되어 여러 층을 쌓을 수 있게 되어 딥러닝 학습 과정을 크게 향상시킬 수 있었습니다.

렐루 함수식은 다음과 같습니다.

$$h(x) = max(0, x)$$

식 1-12 렐루 함수

그림 1-5 렐루 함수 그래프

렐루 함수 문제 중 하나는 음수 값의 활성화가 항상 0이라는 것입니다. 모든 학습 샘플이 초평면으로 완전히 잘못 분리되어 있다고 상상해 보면 쉽게 이해가 되겠지요. 이 경우 0의 출력과 0의 손실을 가져오는 모든 뉴런에 대해 0의 활성화로 이어집니다. 0의 손실로 뉴런의 가중치를 절대로 조정할 수 없게 됩니다.

리키 렐루(Leaky ReLU, 또는 Parametric Leaky ReLU)는 각 뉴런의 출력값이 0보다 높으면 그대로 두고, 0보다 낮으면 정해진 숫자를 곱하는 방식의 함수입니다. 렐루(ReLU)의 경우 0보다 작을 때 경사가 사라지는 문제가 있지만, 리키 렐루의 경우 0보다 작을 때도 미분을 적용할 수 있습니다. 기울기는 파라미터 a로 조정할 수 있으며, 기본값은 0.01입니다.

리키 렐루 식은 다음과 같습니다.

$$h(x) = max(a \cdot x, x)$$

식 1-13 **리키 렐루 함수**

그림 1-6 **리키 렐루 함수 그래프**

렐루와 리키 렐루의 또 다른 문제점은 두 활성화 함수가 0에서 미분이 불가능하다는 것입니다. 큰 단점으로 네트워크를 학습할 때 뉴런들이 죽는(dying) 경우가 생깁니다. 만약 입력값이 0보다 작다면 기울기가 0이 되기 때문에 뉴런이 죽어버릴 수 있으며, 더는 값이 업데이트되지 않는 문제가 생깁니다.

E렐루(Exponential Linear Unit , ELU)는 이러한 렐루의 문제를 해결하기 위해 렐루의 임계치를 –1로 낮춘 지수 e^x를 이용해 근사한 것입니다.

E렐루 식은 다음과 같습니다.

$$h(x) = \begin{cases} x & \text{if } x > 0 \\ a \cdot (e^x - 1) & \text{if} \leq 0 \end{cases}$$

식 1-14 E렐루 함수

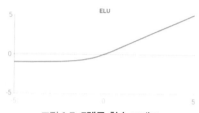

그림 1-7 E렐루 함수 그래프

소프트맥스

소프트맥스 함수(softmax function)는 모든 값의 합계가 1이 되도록 모든 값을 0과 1 사이의 범위로 정규화(normalization)합니다. 소프트맥스 식은 다음과 같습니다.

$$h(x_j) = \frac{e^{x_j}}{\sum_i e^{x_i}}$$

식 1-15 소프트맥스 함수

소프트맥스 활성화 함수는 분류 네트워크에서 마지막 출력층으로 주로 사용됩니다. 원시 클래스 점수를 클래스 확률로 변환하는데, 결과 벡터는 입력의 확률 분포를 설명합니다.

그림 1-8 소프트맥스 함수 그래프

1.2 뉴럴 네트워크

이전 절에서 우리는 신경망이 두 분류(또는 다중)를 완벽하게 구분짓는 선(또는 초평면)을 얻기 위해 가중치 W를 계산하는 방법이 있다는 것을 알게 되었습니다. 이제부터 레이블이 지정된 학습 데이터를 사용해 가중치 W를 찾기 위해 신경망을 학습하는 과정을 배울 것입니다. 먼저, 훈련 데이터가 주어지면 현재 초평면이 잘 분리되었는지 판단해야 합니다. 예측값과 실제 값과의 오차가 모든 데이터를 대상으로 최소가 되도록 결정했는지를 **손실 함수**(loss function)를 통해 알 수 있습니다. 앞으로 이 함수의 모양이 학습 과정에 얼마나 큰 영향을 미치는지 볼 수 있을 것입니다. 문제는 한번 분류기에 손실이 결합되면 모든 층에도 전체 손실 값이 더해지기 때문에 가중치 조정을 시작할 수 없다는 것입니다. 1960년대에 신경망이 대중화되지 못한 이유도 이 때문입니다. 각 계층마다 손실 값을 알면 각 계층마다 가중치를 조정할 수 있습니다. 이 손실값을 줄이기 위해 바로 이전 단계로 돌아가서 가중치를 수정할 수 있습니다. 이 과정을 **오차역전파법**(back-propagation of errors)이라고 합니다. 이 과정에서 미분값을 계산하는데, 이 이유로 딥러닝이 **미분 가능한 프로그래밍**(differentiable programming)이라 불리기도 합니다.

1.2.1 손실 함수의 중요성

모델 최적화와 훈련에서 가장 중요한 요소는 손실 함수입니다.

궁극적으로 손실 함수를 사용하는 이유는 가장 높은 정확도를 가진 가중치 파라미터를 구하기 위함입니다. 여기서 수학적 특성인 미분으로 손실 함수를 정의합니다. 최적의 가중치와 편향을 구할 때 손실 함수의 최솟값을 찾기 위해 미분을 하고 그 미분값을 통해서 가중치와 편향에 대한 파라미터의 값을 서서히 갱신하는 과정을 반복합니다. 손실 함수의 값이 음수이면 양의 방향으로 값을 줄이도록 이동하고, 양수이면 음의 방향으로 값을 줄이도록 이동하며, 미분값이 0이 되어 변화가 없을 때 가중치 파라미터의 갱신을 멈춥니다. 신경망을 훈련시킬 때 손실 함수의 최소치를 찾는 것이 목표입니다. 이를 **경사 하강법**(Gradient Descent)이라고 부릅니다. 이외에 경사 하강법 최적화 알고리즘인 **네스테로프 모멘텀**(Nesterov Momentum)과 **아담**(Adam) 방식이 있습니다.

딥러닝은 손실 함수가 훈련 가능한 네트워크 파라미터에 따라 백만 개가 넘는 차원을 가질 수도 있습니다. 손실 함수 선택은 모델의 목적에 따라 달라집니다. 예를 들어, 회귀는 예측값과 실제 값의 차이를 고려해 손실 값을 구합니다. 분류는 참과 거짓(1과 0)이 손실 값이 됩니다.

이외에도 분류 문제에서 가장 많이 사용되는 손실 함수는 **교차 엔트로피**(Cross Entropy)입니다. 교차 엔트로피값은 예측값과 실제 값 사이의 확률 분포 차이를 계산한 값으로 소프트맥스 함수의 손실 함수로 사용되는 것이 일반적입니다. 회귀 분석에서는 **평균 제곱 오차**(Mean Squared Error) 손실 함수가 가장 많이 쓰입니다.

1.2.2 정규화

수천, 수백만의 파라미터를 가진 모델을 훈련시킬 때 흔히 **과적합**(overfitting, 오버피팅) 문제가 발생합니다. 과적합은 주어진 학습 데이터 세트에 적응하여 새로운 데이터 세트에 적합하지 않는 상태를 말합니다. 신경망은 데이터의 일반적인 특성이 아닌, 특정 데이터 샘플을 이용하여 학습합니다. 학습 데이터의 성공률과 평가 데이터의 성공률을 서로 비교해 정확도를 판단할 수 있습니다. 예를 들어, 학습 데이터에만 지나치게 의존해 학습한다면 평가 데이터를 잘 예측하지 못할 수 있습니다. 과적합을 피하기 위한 방법 중 하나로 손실 함수에 **정규화**(regularization)를 적용하는 방법이 있습니다. 정규화는 각 계층의 모든 학습 가능한 파라미터의 노름(norm)을 합산하여 계산됩니다. 대표적인 정규화 방법으로 L1 정규화, L2 정규화가 있습니다.

L1 정규화는 노이즈 데이터의 영향을 최대한 줄이는 역할을 하는데, 가중치를 업데이트하는 과정에서 가중치 벡터를 희소하게 만들 수 있습니다. 희소한 가중치를 가지고 있는 뉴런들은 노이즈를 입력으로 받더라도 다음 층에 전달되는 노이즈 영향을 0에 가깝게 만듭니다.

L1 정규화는 특성을 선택해 노이즈를 적용하는 반면, L2 정규화는 가중치가 지나치게 큰 값들에 제약을 주고 가중치 값을 전체적으로 줄여 일부 특성에 편향되는 현상을 줄이는 데 목적이 있습니다. 기존 가중치에서 약간 깎인 값에 미분값을 뺀 값으로 업

데이트되는 특징 때문에 **가중치 감퇴**(weight decay)라고도 불립니다.

전체 훈련 손실 값은 분류 또는 회귀의 손실에 추가로 정규화 문제를 해결하기 위한 손실이 더해집니다.

1.2.3 역전파 알고리즘

손실은 모델의 예측이 얼마나 잘못되었는지를 나타내는 수이지만, 이 오차를 직접 사용해 각 계층마다 가중치를 업데이트를 할 수 없습니다. 따라서 각 층마다 오차를 계산하고 오차가 감소하도록 가중치를 조정해야 합니다. 각 훈련 샘플에 대해 역전파 알고리즘이 먼저 정방향 계산으로 예측을 만들고, 오차를 측정한 후에 역방향으로 각 층을 거치면서 각 연결이 오차에 기여한 정도를 역방향으로 계산하여 측정합니다. 마지막으로, 이 오차가 감소하도록 경사 하강법 스텝을 이용해 가중치를 조금씩 조정합니다.

아래는 입력값 x에 대한 변화량인 $\frac{\partial z}{\partial x}$을 구하는 연쇄법칙 식입니다.

$$\frac{\partial z}{\partial x} = \frac{d(z)}{d(y)} \cdot \frac{d(y)}{d(x)}$$

식 1-16 **연쇄법칙**

$\frac{d(z)}{d(y)}$는 이전 그래디언트이고, $\frac{d(y)}{d(x)}$는 현재 입력값에 대한 연산 결과의 변화량인 로컬 그래디언트입니다. 더 간단히 말하면, 입력값에 대한 그래디언트는 이전 그래디언트에 로컬 그래디언트를 곱해서 구합니다. 이 그래디언트는 다시 앞쪽에 배치돼 있는 노드로 역전파됩니다.

1.2.4 최적화 방법

신경망을 효율적으로 학습하려면 가중치를 조정해 주는 최적화 알고리즘이 필요합니다. 그중 경사 하강법은 매우 일반적인 최적화 알고리즘으로 비용 함수를 최소화하기 위해 반복해서 가중치를 조정해 갑니다.

경사 하강법은 첫 번째 단계에서 완전층의 손실을 시작으로 역전파 알고리즘을 사용해 각 계층마다 손실 함수의 그래디언트를 계산합니다. 그래디언트는 고차원 벡터로, 음의 방향으로 내려가면서 가장 작은 손실 함수를 찾습니다. 두 번째 단계에서는 가중치의 배수를 가중치에 추가하여 가중치를 업데이트합니다. 여기서 학습률(learning rate)이 사용됩니다. 내려가는 스텝의 크기를 결정하기 위해 그래디언트 벡터에 학습률을 곱합니다.

다음은 경사 하강법을 사용해 i의 가중치 W_i를 업데이트하는 방정식으로, α는 학습률, L_i는 손실입니다.

$$W_{i,new} = W_i - \alpha \delta \nabla L_i$$

식 1-17 **가중치 업데이트**

딥러닝에서는 대부분 미니배치 확률적 경사 하강법(mini-batch stochastic gradient descent)을 사용합니다. 미니배치 확률적 경사 하강법(미니배치 SGD)은 전체 배치 반복과 확률적 경사 하강법(Stochastic Gradient Descent, SGD) 간의 절충안으로, 미니배치는 일반적으로 무작위로 선택한 10개에서 1,000개 사이의 예로 구성됩니다.

그러나 경사 하강법 역시 완벽한 해결 방법은 아닙니다. 고정적인 스텝 크기를 사용해야 하고, 로컬 미니마(local minima)에 빠지기 쉬워 과적합 현상이 일어나고, 수렴하기까지 많은 반복을 거쳐야 하므로 학습 시간이 오래 걸리는 단점이 있습니다. 이를 개선하고자 모멘텀, 네스테로프 모멘텀, 아담, RMSProp와 같은 테크닉이 개발되었습니다. 대부분 신경망 학습 프레임워크에서 **옵티마이저(Optimizer)**라는 이름으로 이 알고리즘을 선택할 수 있습니다.

경사 하강법 알고리즘의 단점은 기울기 0인 점을 잘 탈출하지 못한다는 것 외에도 훈련이 너무 느리다는 점입니다. 이를 해결하기 위해서 보편적으로 사용되는 방법이 **모멘텀(momentum, 관성)**을 적용하는 것입니다. 모멘텀이란, 변수가 가던 방향으로 계속 가도록 하는 속도(velocity) 항을 추가하는 것입니다. 지금 상태의 기울기에도 당연히 영향을 받지만, 지금의 기울기는 가던 방향을 약간씩만 바꿔 주는 역할을 하게 됩니다. 바른 방향으로 가고 있다면 점점 더 속도가 빨라지게 되어 더 빨리 훈련이 될 수도 있고, 현재 기울기가 0인 안장점(saddle point)이더라도 속도가 있으니 계속 이동해 안장점을 더 잘 탈출할 수 있게 됩니다. 개선된 경사 하강법 스텝의 식은 다음과 같습니다.

$$v_{i,new} = \beta v - \alpha \delta \nabla L_{ii,new} = W_i + v_{i,new}$$

식 1-18 경사 하강법 스텝

현재 모멘텀을 알고 싶다면 W 대신에 $W + v$ 지점에서 그래디언트를 계산할 수 있습니다. 현재 위치가 아니라 모멘텀의 방향으로 조금 앞서서 손실 함수의 그래디언트를 계산하는 것입니다. 이 변형을 **네스테로프 모멘텀 최적화(Nesterov Momentum)**라고 하며, 기본 모멘텀 최적화보다 거의 항상 더 빠릅니다.

1.3 정리

지금까지 우리는 딥러닝을 위한 기초와 수학적 기초를 살펴보았습니다. 다음 장에서는 신경망 구조에 대해 알아보겠습니다.

2

신경망 구조

이번 장에서는 딥러닝 애플리케이션에서 자주 사용되는 신경망을 다룹니다. 딥러닝은 우리가 살고 있는 세상의 다양한 문제를 해결해 줍니다. 애플리케이션의 목적마다 적합한 딥러닝 모델 아키텍처가 다릅니다.

딥러닝을 사용한 이미지 인식 방법인 합성곱 신경망(Convolutional Neural Network, CNN)은 이미지 인식 분야에서 뛰어난 성능을 보여 각광을 받고 있습니다. CNN은 이미지에 컨볼루션 필터를 사용하여 계산이 빠르고, 특정 객체뿐만 아니라 배경을 포함한 이미지 전체를 고려할 수 있다는 점이 특징입니다.

합성곱 신경망은 고정 길이 입력을 가지지만, 순환 신경망(Recurrent Neural Network, RNN)은 임의 길이를 가진 시퀀스를 다룰 수 있습니다. 문장, 음성, 오디오 샘플을 입력으로 받을 수 있으며, 음성을 문자열로 변환해 주는 STT(Speech To Text) 또는 감정 분석과 같은 의미론적 모델링, 자연어 처리에 매우 유용합니다.

이처럼 딥러닝 애플리케이션 개발을 위해 딥러닝 모델과 구체적인 적용 분야에 대한 개요를 파악하는 것이 중요합니다. 이번 장에서는 이미지, 영상과 음성 분야에서 좋은 성능을 보이는 CNN, RNN에 대해 알아보겠습니다.

2.1 합성곱 신경망

CNN은 이미지 인식 이외에도 음성 인식, 자연어 처리에도 사용됩니다. 우리에게 익숙한 완전연결층과 시그모이드 활성화 함수 같은 구성 요소가 들어 있지만, 합성곱층(convolutional layer)과 풀링층(pooling layer) 두 구성 요소가 핵심입니다.

CNN의 가장 중요한 첫 번째 구성 요소인 합성곱층은 이미지의 가장자리, 곡선, 얼룩 및 대비와 같은 특정 요소를 학습하여 추출할 수 있습니다. 첫 번째 은닉층에서는 저수준 특성에 집중하고, 그다음 은닉층에서는 고수준 특성으로 조합하여 합성곱을 겹겹이 쌓아 계층적 구조를 만들 수 있습니다. 이렇게 여러 개의 특성 맵을 구성하면 이미지 텍스처, 얼굴 인식 등 고수준의 특징도 추출할 수 있습니다. 두 번째 구성 요소인 풀링층은 입력 이미지의 축소본을 만들어 계산량과 메모리 사용량, 파라미터 수를 줄여줍니다. 여기서 입력 이미지 크기를 줄여 이미지가 이동하게 되더라도 신경망이 영향을 덜 받게 됩니다. 즉, 이미지 오브젝트가 어딘가로 이동하더라도 CNN은 여전히 동일한 기능을 찾을 수 있습니다. 이를 공간 불변(space-invariance) 또는 이동 불변(shift invariance)이라고 부릅니다. 전형적인 CNN 구조는 몇 개의 합성곱층을 쌓고, 풀링층을 쌓고, 그런 다음 합성곱층을 쌓고 다시 풀링층을 쌓는 방식입니다. 네트워크를 통과할수록 이미지 크기는 점점 작아지지만, 합성곱층 때문에 더 많은 특성 맵을 가지며 점점 깊어집니다. 이러한 견고성 덕분에 CNN은 이미지 인식 분야에서 높은 정확성을 보이고 있습니다. 사실상 CNN은 이미지 인식의 표준 기술로 자리매김하고 있습니다.

현존하는 대부분의 신경망 아키텍처 내의 네트워크 구조에서 많은 공통점을 발견할 수 있습니다. 많은 네트워크가 1980년대 얀 르쿤(Yann LeCun)의 모델과 유사한 고수준 구조를 따르고 있습니다. 이 모델은 입력층, 입력 크기 축소 및 특성 추출을 위한 **프론트엔드(Frontend)**, 분류 또는 회귀를 위한 **백엔드(Backend)**로 구성됩니다. 프론트엔드 출력은 특성 맵 또는 입력 이미지의 표현입니다. 애플리케이션 또는 작업에 따라 여러 개의 백엔드를 가질 수 있으며, 또는 연령대 성별 분류 등 단순한 문제를 해결하고자 할 때는 단일 네트워크를 사용할 수 있습니다.

고수준의 신경망 네트워크은 공통적으로 모듈을 선택해 설계할 수 있습니다. 완전연결층 대신 **합성곱층**, **구글넷(GoogLeNet)**의 **인셉션 모듈(Inception Module)** 또는 **스퀴즈넷(SqueezeNet)**의 **파이어 모듈(Fire Module)**을 선택할 수 있고, 소프트맥스 분류기(Softmax classifier) 대신 **애버리지풀(AveragePool)** 백엔드를 선택할 수 있습니다. 이외에도 모듈을 통해 그래디언트를 전달할 수 있습니다. 이 부분은 **레스넷(ResNet)** 부분에서 더 살펴보겠습니다.

상당수의 딥러닝 모델이 대규모 예산과 자원이 많은 조직과 회사에서 태어났습니다. 따라서 CNN 연구자가 아니라면 스스로 CNN 모델을 만드는 것보다 이미 검증된 모델을 사용하는 편이 낫습니다. 애플리케이션 제작이 목적일 경우 개발 시간이 단축되고 예측과 정확성도 높일 수 있습니다.

2.1.1 AlexNet

AlexNet은 2012년 이미지넷 대규모 영상 인식 경쟁 대회(ImageNet Large Scale Visual Recogni tion Competition, ILSVRC)에서 큰 차이로 우승한 모델입니다. 알렉스 크리체브스키(Alex Krizhevsky), 제프리 힌턴(Geoffrey Hinton), 일리아 서츠케버(Ilya Sutskever)가 설계한 모델로, 알렉스 크리체브스키의 이름을 따서 작명되었습니다. 톱-5에서 15.3%의 오류율을 달성했으며, 이는 2위인 26.2%와 비교했을 때 매우 뛰어난 성적입니다. AlexNet은 합성곱층 위에 풀링층을 바로 쌓지 않고 합성곱층끼리 쌓아 올린 구조입니다.

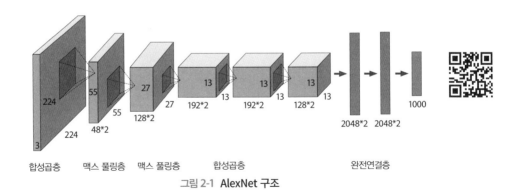

그림 2-1 AlexNet 구조

그림 2-1의 모델은 5개의 합성곱층, 3개의 완결연결층, 약 65만 개의 뉴런과 60만 개 이상의 파라미터로 이루어진 복잡하고 방대한 CNN 구조입니다. 소프트맥스 분류기를 백엔드로 사용하는데, 2개의 완전연결층과 소프트맥스 활성화 함수로 구성됩니다. 모델의 총 파라미터 수의 96%가 백엔드입니다. 그 이유는 맨 마지막 완전연결층이 매우 비효율적이며 많은 파라미터가 필요하기 때문입니다.

AlexNet은 2개의 병렬 GPU 메모리에 맞도록 파라미터화되었으며, 병렬 GPU를 사용하여 학습시키는 데만 2주가 걸렸습니다. 이미지 분류 문제에 대한 뛰어난 성능 덕분에 AlexNet은 딥러닝 기술이 크게 성장하기 위한 출발점이라고 말할 수 있습니다.

2.1.2 GoogLeNet

GoogLeNet은 2014년 ILSVRC 대회에서 톱-5 오차율 6.7%로 우승한 모델로서 AlexNet에 비해 파라미터 수를 10배나 낮췄으며, 인간 인식 수준에 가까운 성능을 갖춘 모델입니다. 이전까지의 구조와 달리 22층으로 구성된 깊은 구조입니다. 그림 2-2는 GoogLeNet 모듈의 구조를 보여줍니다.

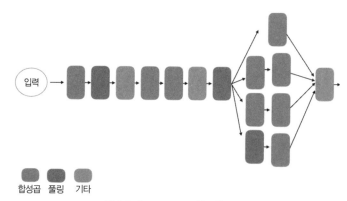

그림 2-2 **GoogLeNet 네트워크 구조**

GoogLeNet은 같은 층의 레이어에서 여러 사이즈의 컨볼루션 커널을 사용하는 **인셉션 모듈(Inception Module)**을 제안했습니다. 여러 종류의 합성곱층이 사용되는 만큼 늘어난 파라미터로 인해 연산 시간이 증가할 수 있는데, 이를 1 × 1, 3 × 3, 5 × 5 합성곱층을 이용하여 컨볼루션 커널의 개수를 줄여 이 문제를 해결했습니다. 인셉션 모듈은 결합된 특성을 잡을 수 있기 때문에 단일 합성곱층보다 훨씬 효과적입니다. 인셉션 모듈은 1 × 1 합성곱층을 사용합니다. 이 층은 한 번에 하나의 픽셀만 처리합니다. 입력보다 더 적은 특성 맵을 출력해 차원을 줄이므로 **병목층(Bottleneck Layer)**이라고도 합니다. 특히, 연산 비용이 매우 큰 3 ×3과 5 ×5 합성곱 전에 유용합니다.

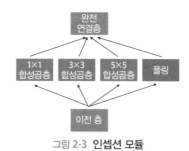

그림 2-3 **인셉션 모듈**

GoogLeNet은 파라미터를 획기적으로 줄이기 위해 완전연결층과 고비용의 소프트맥스 분류기 대신 풀링으로 백엔드를 구성했습니다. 따라서 학습 가능한 파라미터가 7천만 개에서 700만 개로 대폭 감소됐습니다. 이후 구글에서 기존 인셉션 모듈을 더 복잡하고 폭넓게 개선시킨 **AutoML, Xception** 모델을 발표했습니다. 광범위한 모듈을 도입해 합성곱층을 순차적으로 쌓아 올리지 않고도 네트워크 성능과 정확도를 향상시킬 수 있음을 입증했습니다.

2.1.3 ResNet

ResNet(Residual Network, 잔차 네트워크)은 마이크로소프트의 카이밍 히(Kaiming He)가 제안한 모델로, ILSVRC 2015 대회에서 오차율 3.6%로 우승했습니다. 사람이 이미지를 분류한 것보다 훨씬 성능이 높은 네트워크입니다. 이 네트워크는 총 152층으로 이전의 다른 네트워크들보다 훨씬 깊은 구조를 가지고 있습니다. 이제 점점 네트워크층이 깊어져 가는 것을 느끼셨을 겁니다. 직관적으로 보면 신경망에 더 많은 층을 추가해 성능을 향상시킬 수 있을 것 같지만, 정반대로 학습 오류율이 높아지며 테스트 에러율도 동일하게 높아집니다. 오버피팅이 발생하여 테스트 오류율이 높아지는 것은 아닙니다. 그 원인은 그래디언트가 소실되거나 발산하는 현상(degradation 문제라고 부릅니다) 때문인데, 이는 기하급수적으로 감소하거나 증가할 수 있는 곱셈 그래디언트로 인해 장기 종속성을 포착하기가 어렵기 때문입니다. 따라서 적절한 층 수가 필요합니다. 간략히 정리하면, 깊은 네트워크는 성능은 뛰어나지만 파라미터가 많아져 학습이 느려지고 기울기가 소실되는 등의 문제가 발생합니다.

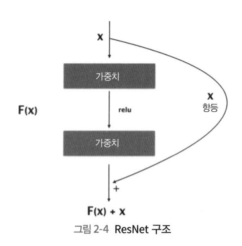

그림 2-4 ResNet 구조

이 문제를 해결하기 위해 ResNet에서는 **스킵 연결(Skip Connection)**을 도입했습니다. 네트워크의 입력과 출력이 더해진 것을 다음 층의 입력으로 사용하는 것을 스킵 연결이라고 합니다. 이 스킵된 블록을 **잔차 블록(Residual Block)**이라고 부릅니다. 만약 입력 x를 스킵 연결을 추가해 네트워크 출력에 더한다면 네트워크는 $h(x)$ 대신 $f(x) = h(x) - x$를 학습하게 됩니다. 결과적으로 출력 $H(x) = f(x) + x$가 됩니다.

이 구조를 적용하게 되면 x가 출력층에 더해지는 것에 대한 연산량 증가를 빼면 파라미터도 증가하지 않고 층을 건너뛰며 연결되기 때문에 학습이 간단해집니다. 따라서 깊은 네트워크의 장점인 정확도를 그대로 유지할 수 있습니다.

현재 ResNet의 많은 변형 모델이 있지만, ResNet 구조가 가장 강력하고 간단하므로 당장 사용하기에 가장 좋은 모델입니다.

2.1.4 SqueezeNet

SqueezeNet은 모바일, IoT 장비를 위한 소규모 딥러닝 모델입니다. 최초의 논문 제목은 〈50배 적은 파라미터와 0.5MB 미만의 모델로 구성된 AlexNet 수준의 정확도(AlexNetlevel accuracy with 50x fewer parameters and < 0.5MB model size)〉입니다. SqueezeNet은 더 적은 수의 파라미터를 사용하면서 정확도를 유지하는 것이 목표입니다. 다음 표는 SqueezeNet이 메모리 공간을 얼마나 절약해 주는지 보여줍니다. 압축된 AlexNet 모델과 비교해 보면, SqueezeNet은 정확도를 유지하며 메모리 용량은 더 작다는 것을 알 수 있습니다.

CNN 구조	압축 방법	데이터 타입	압축 전 → 압축 후	ImageNet 정확도
AlexNet	없음	32bit	240MB	80.3%
AlexNet	심층 압축(Deep Compression) (Han et al.,2015a)	5~8bit	240MB → 6.9MB	80.3%
Squeeze Net	없음	32bit	4.8MB	80.3%
Squeeze Net	심층 압축(Deep Compression)	8bit	4.8MB → 0.66MB	80.3%
Squeeze Net	심층 압축(Deep Compression)	6bit	4.8MB → 0.47MB	80.3%

Squeeze의 세 가지 전략은 다음과 같습니다.

1. 전자는 파라미터 수가 1/9에 불과하기 때문에 3×3 필터 대신 1×1 병목 합성곱 (bottleneck convolutions)을 사용합니다.
2. 1×1 병목 합성곱을 사용해 입력 채널 수를 줄여 계산 비용을 줄입니다.
3. 다운샘플링을 사용해 성능을 향상시킵니다.

전략 1과 2는 모델의 크기를 줄이기 위해 사용되며, 전략 3은 정확도를 유지하는 데 사용됩니다. 이를 위해 SqueezeNet의 빌딩 블록을 파이어 모듈(Fire Module)이라고 하며, 다음 그림과 같이 스퀴즈 층과 확장 층으로 구성됩니다.

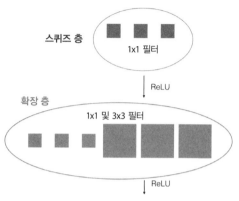

그림 2-5 SqueezeNet 구조

SqueezeNet 층은 확장 층에 동반되는 입력 채널 수를 줄입니다. 전략 2에 해당합니다. 확장 층은 1×1 층과 3×3 층을 사용하여 입력을 필터링합니다. 층 파라미터 수를 줄이기 위해 1×1 필터가 사용됩니다. 전략 1에 해당합니다. 파이어 모듈을 사용하면 SqueezeNet 모델의 크기를 줄일 수 있습니다. SqueezeNet에는 다운샘플링에 사용되는 풀링층이 있습니다. 전략 3에서 볼 수 있듯이, 이 층은 합성곱 뒤에 배치됩니다. 다음 그림은 SqueezeNet의 전체 아키텍처를 보여줍니다.

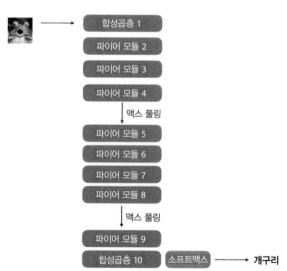

그림 2-6 SqueezeNet 전체 아키텍처(숫자는 층 번호를 의미)

여러 개의 파이어 모듈 층이 사용되는 것을 볼 수 있을 것입니다. SqueezeNet은 AlexNet과 동일한 성능을 가지며 용량 크기를 줄일 수 있기 때문에 모바일 디바이스나 IoT의 클라이언트에서 사용하기에 안성맞춤입니다.

2.2 순환 신경망

CNN은 이미지에서 어느 특성이든지 추출할 수 있기 때문에 이미지 인식 분야에서 주로 사용됩니다. 그러나 시계열 데이터나 자연어와 같은 순차적 데이터를 다루기에 적합한 모델은 아닙니다. **순환 신경망(Recurrent Neural Network, RNN)**은 바로 이를 해결하기 위해 고안된 모델입니다. 과거 상태를 저장하고 과거 기록을 기반으로 다음 출력을 예측합니다. 예를 들어, 문장의 맨 마지막 단어를 예측한다고 가정해 봅시다. 'I am learning deep learning.(나는 딥러닝을 배웁니다.)'라는 문장이 있습니다. 문장의 맨 끝 단어 'learning'은 '배우다'가 아닌 딥러닝의 '러닝(learning)'을 뜻합니다. 앞 단어에 따라 의미가 달라지지요. 이처럼 신경망이 적합한 단어를 구사하려면 이전 단어를 기억해 만들어야 합니다. 다음은 RNN 네트워크 구조입니다. W와 V는 가중치 행렬이며, x는 입력 벡터입니다. h는 RNN의 내부 상태인 은닉층입니다.

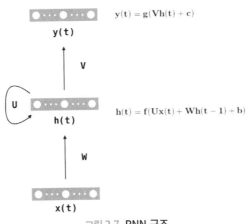

그림 2-7 **RNN 구조**

RNN 은닉층은 뉴런의 상태를 저장하고 이를 다음 스텝의 입력으로 사용합니다. 그림 2-7을 보면 시간 $t-1$에서 $h(t-1)$은 시간 t에서 $h(t)$의 입력이 됩니다. 즉, $t-1$시간에서의 은닉 뉴런 활성값들 이 t시간에 복제되어 계속 과거의 정보를 축적하여 나가는 모델입니다. 이처럼 RNN은 뉴런들의 출력이 다시 입력으로 사용되는 재귀적인 연결 구조를 갖는 신경망입니다. 그러나 1980년대 RNN은 높은 정확도를 얻을 수 없었습니다.

RNN 학습을 위해 **시간 펼침 역전파 알고리즘**(Back-Propagation Through Time, BPTT) 학습 방법이 주로 사용됩니다. 출력에서 입력 방향뿐만 아니라 시간 축을 거슬러 올라가는 방향의 역전파를 함께 반영하여 경사 하강법을 이용한 오류 역전파 알고리즘입니다. RNN은 루프가 들어 있고, 과거 데이터가 미래에 영향을 줄 수 있는 구조로 되어 있습니다. 따라서 이 루프는 정보가 신경망으로 이동하게 만들어 줍니다. 하나의 네트워크가 여러 개 복사된 형태를 띠고 있습니다. 이 루프를 풀어 보면 일반적인 신경망 알고리즘과 비슷한 형태라는 것을 알 수 있습니다.

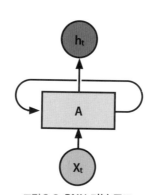

그림 2-8 **RNN 기본 구조**

RNN의 각 출력 부분의 기울기는 현재 타임 스텝 이외에 이전 타임 스텝에 매우 의존적입니다. 많은 수의 뉴런 유닛이나 많은 수의 입력 유닛이 있는 경우, 과거 학습 기능을 통해 반복적으로 곱해지는 가중치에 의해 에러값이 1보다 크면 누적 에러가 기하급수적으로 증가해 그래디언트가 발산하거나, 보다 작으면 누적 에러가 감소하여 빠르게 0으로 수렴하는 문제가 발생할 수 있습니다. 이러한 그래디언트 소실 문제를 피하고자 LSTM(Long Short Term Memory)과 GRU가 제안되었습니다.

2.2.1 LSTM

장단기 기억 모델(Long-Short Term Memory, LSTM)은 셉 호흐라이터(Sepp Hochreiter)와 유르겐 슈미트후버(Jürgen Schmidhuber)가 1997년에 제안한 RNN 아키텍처로, 현재까지도 가장 주요한 RNN으로 자리 잡고 있습니다. 2007년 즈음 RNN 아키텍처에 적용되기 시작했고, 특히 음성 인식 부문에서 괄목할 성장을 이뤘습니다. LSTM은 장기 기억을 배우기 위해 전통적인 RNN 구조에 은닉층 내의 각 유닛을 LSTM 블록으로 바꾼 형태입니다.

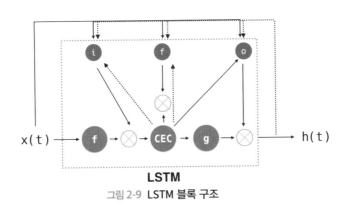

LSTM

그림 2-9 LSTM 블록 구조

그림 2-9는 LSTM 블록 구조로 빨간색 원은 입력 게이트, 망각 게이트, 출력 게이트입니다. 점선은 전달된 과거 상태 값이 저장됨을 나타냅니다. 각각의 LSTM 블록 내부는 재귀적 구조를 가진 **CEC 메모리 셀**(Constant Error Carousel Memory Cell, **상수 오류 회전기 기억 소자**)과 입력 게이트(Input Gate), 망각 게이트(Forget Gate), 출력 게이트(Output Gate)로 구성됩니다. 네트워크는 이 블록을 가지고 장기 상태에 저장할 것, 버릴 것, 읽어 들일 것을 학습합니다. 네트워크가 왼쪽에서 오른쪽으로 관통하며 망각 게이트를 지나 일부 기억을 잃고, 입력 게이트에서 선택한 기억을 추가하며, 연산 후 출력 게이트에 의해 걸러집니다.

- **CEC 메모리 셀**은 그대로 이전 상태 값을 유지합니다. LSTM 블록에서 CEC는 입력에 1을 곱하고 다음 차례에 그 값을 반환합니다. 이것이 바로 LSTM의 핵심입니다. CEC 덕분에 네트워크가 더 깊어지더라도 층 그래디언트가 사라지지 않습니다.

- **입력 게이트**와 **출력 게이트**는 CEC 메모리 셀의 작동 시기를 제어합니다. 입력 게이트는 어느 부분이 장기 상태에 더해져야 하는지를 제어하고, 출력 게이트는 장기 상태의 어느 부분을 읽어서 타임 스텝이 출력해야 하는지 제어합니다. 두 시간 사이에 종속성이 없더라도 CEC는 모든 과거 값을 다음 상태로 전달합니다. 입력 게이트 및 출력 게이트는 필요할 때만 열리며, 과거 데이터를 유지할 때는 닫힙니다. 적절한 시간에 열리거나 닫히도록 훈련도 가능합니다.
- **망각 게이트**는 장기 상태 내의 어떤 데이터를 삭제할지를 결정합니다. 데이터 패턴이 크게 변경되어 과거에 저장된 메모리가 필요하지 않은 경우, LSTM에 저장된 값을 지우는 것이 효율적입니다. 이때 망각 게이트는 CEC 메모리 셀에서 값을 재설정할 시기를 관리합니다.

요약하면, LSTM 블록은 중요한 기억을 인식하기 위해 배우고, 이를 장기 상태에 저장하며, 필요한 기간 동안 기억을 보존하기 위해 학습하고, 필요할 때마다 기억을 꺼낼 수 있도록 상태를 추출하기 위해 학습합니다.

2.2.2 GRU

LSTM은 장기 의존성 학습을 위한 최적화된 모델이지만, 파라미터가 많고 계산 과정에 비용이 많이 듭니다. 적은 계산으로 동일한 수준의 성능을 내는 유닛을 사용할 수 있다면 더 좋을 것입니다. **GRU(Gated Recurrent Unit)**는 2014년 뉴욕대 조경현 교수가 제안한 모델로, LSTM의 장기 의존성 문제에 대한 해결책을 유지하면서 은닉 상태를 업데이트하는 계산을 줄였습니다. LSTM에서는 출력, 입력, 망각 게이트라는 3개의 게이트가 존재했지만, GRU에서는 업데이트 게이트와 리셋 게이트 두 가지 게이트만이 존재합니다. GRU는 LSTM보다 학습 속도가 빠르거나 비슷한 성능을 보인다고 알려져 있습니다. 그림 2-10을 보면 GRU 구조가 LSTM보다 단순하다는 것을 알 수 있을 것입니다.

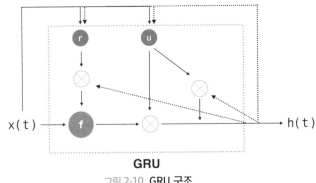

GRU

그림 2-10 **GRU 구조**

리셋 게이트와 업데이트 게이트는 모두 입력값과 과거 상태로부터 자신의 출력을 계산합니다. 리셋 게이트의 출력은 이전 상태를 사용할지 여부를 결정하는 데 사용됩니다. 업데이트 게이트의 출력은 과거 상태와 현재 상태 간의 비율을 결정하는 가중치로 사용됩니다. GRU는 LSTM보다 파라미터 수가 적으며, 학습 및 추론에서 빠른 성능을 기대할 수 있습니다.

2.3 강화 학습

지도 학습은 학습할 데이터와 그 정답을 컴퓨터에 알려주고 적당한 예측 공식을 찾습니다. 레이블 데이터라는 정답지가 있기 때문에 학습 목표가 명확합니다. 이처럼 지도학습에서는 수동적으로 주어진 입력과 그에 대한 정답(지도 신호)을 교사로부터 피드백을 받습니다. 그러나 강화 학습은 교사의 가르침이나 정답지 없이 에이전트(학습자)가 스스로 환경을 탐색하고 상황에 따라 어떻게 행동해야 하는지를 학습합니다.

강화 학습(reinforcement learning)이란, 여러 단계를 거쳐 복잡한 목표를 달성하거나 특정 차원을 따라 최대화하는 방법을 학습하는 목표 지향적인 알고리즘입니다. 마치 아이들이 잘못하면 벌을 받고 잘하면 칭찬으로 보상을 받는 것처럼 잘못된 결정을 내렸을 때 벌점을 받고 옳은 결정을 내렸을 때는 보상이 주어집니다.

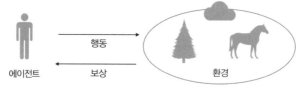

그림 2-11 **강화 학습의 기본 개념**

예를 들어, 에이전트가 미로 게임을 시작한다고 가정하겠습니다. 에이전트는 최종 목적지까지 가는 길을 전혀 모릅니다. 각 단계마다 에이전트에게 보상을 주고, 목적지에 가까울수록 큰 보상을 줍니다. 에이전트는 최대 보상을 추정하는 방법을 스스로 찾는 것이 목표입니다. 대표적 알고리즘으로는 **마르코프 결정 과정**(Markov Decision Process, **MDP**)이 있으며, 이 알고리즘은 다음과 같이 설명됩니다.

- **유한한 상태:** 미로 내 가능한 에이전트의 위치를 말합니다.

- **각 스텝마다 가능한 행동:** 벽이 없으면 위/아래/왼쪽/오른쪽 위치로 이동할 수 있습니다.

- **에이전트 행동에 따른 상태 전환:** 에이전트가 위로 가면 에이전트 주변의 벽과 최종 목적지와의 거리가 변경됩니다.

- **0과 1 사이의 할인율:** 할인율은 즉각적으로 주어지는 보상보다 상대적으로 가치가 낮은 미래의 보상을 만들기 위해 고안되었습니다. 보통은 그리스 문자인 감마(γ)로 표현됩니다. 할인율(γ)은 보통 0에서 1의 값을 부여합니다. 만약 γ가 0이라면 오직 다음 시간($t + 1$)의 보상만을 고려합니다. 이때의 장점은 최적의 행동을 재빨리 결정할 수 있다는 점입니다. γ가 1이라면 미래의 보상도 바로 다음의 보상만큼 중요하게 생각합니다. 따라서 당장의 보상은 최대화할 수 없지만, 미래의 수까지 내다보면서 행동을 할 수 있다는 장점이 있습니다. 실제 상황에서는 문제에 따라 최적의 γ가 다르기 때문에 실험을 통해 최적의 γ를 설정해 주어야 합니다.

이 알고리즘의 수학적 표현은 다음과 같습니다.

$$G_t = \sum_{t=0}^{\infty} \gamma^t R_t = R_0 + \gamma R_1 + \gamma^2 R_2 + \dots$$

식 2-1 **마르코프 결정 과정**

보상 R은 시간 t의 행동과 상태에 좌우되며, γ 계수에 의해 보상이 할인됩니다. 에이전트는 누적된 총 보상을 극대화하는 방법을 배워야 합니다. 이 보상의 총합의 기댓값은 G로 **기대 누적 보상(expected cumulative reward)**이라고 말하기도 합니다. 기대 누적 보상을 최대화할 수 있는 가장 유명한 알고리즘은 **Q-학습(Q-learning)**입니다. 강화 학습 문제는 보통 마르코프 결정 과정으로 모델링이 가능하나 맨 처음 에이전트는 전이 확률과 보상을 모릅니다. 한 번은 각 상태와 전이를 경험해야 합니다. Q-학습 알고리즘은 전이 확률과 보상을 알지 못한 상태에서 행동-가치 함수(Action-Value Function)를 적용한 알고리즘입니다.

Q-학습은 행동 가치 함수를 적용해 행동에 따른 기대 누적 보상을 반환합니다.

$$Q(s, a) = \mathbf{E}\big[G_{t+1}\big], S_t = s, A_t = a$$

식 2-2 **행동 가치 함수를 적용한 Q-학습**

다음 식은 상태와 행동으로 예상되는 기대 누적 보상을 나타냅니다. S는 상태, t는 시간, A는 행동입니다. 기대 누적 보상을 대문자 Q로 표현하기 때문에 줄여서 Q-학습이라고 합니다. 그렇다면 어떻게 마법이 일어나는 것일까요?

사실, 위 함수는 처음에 작동하지 않습니다. 같은 값 또는 임의의 값만 반환합니다. 함수에 실제 보상 값을 업데이트해야 합니다.

$$Q(S_t, A_t) \leftarrow (1 - \alpha)Q(S_t, A_t) + \alpha(R_{t+1} + \gamma max_a Q(S_{t+1}, a))$$

식 2-3 **보상 값을 업데이트한 Q-학습**

이제 각 단계마다 보상이 업데이트됩니다. α는 학습률이고, γ는 할인율에 보상을 곱한 비율입니다. 여기서 Q-학습에 대해 자세히 설명하지는 않지만, 마르코프 결정 과정을 통해 최적의 방법을 찾을 수 있습니다. 에이전트는 최적화 함수를 통해 가능한 모든 상태에 대한 최적의 행동을 찾을 수 있습니다. 물론, 매번마다 에이전트가 최적 행동을 선택할 필요는 없습니다. 임의로 차선의 행동을 선택하면 검색 공간이 넓어져 시간이 더 지체됩니다.

Q-학습에서 행동 가치 함수 대신 다른 방법을 사용할 수 있습니다. 현재 상태에서 바로 다음 행동을 예측하는 것입니다. 이를 **정책 학습**(policy learning)이라고 하며, 기대 누적 보상을 계산하는 대신 바로 다음 행동을 유추합니다.

하지만 입력 상태가 너무 복잡해 다음 작업을 유추하기 어렵다면 어떻게 될까요? 이때 강화 학습에 심층 신경망을 사용해야 합니다.

2.3.1 DQN

DQN(Deep Q Network)은 Q-망으로, Q-학습이라는 강화 학습 방법을 위한 신경망입니다. 2015년, 딥마인드는 게임을 스스로 학습하여 공략하는 인공지능 'DQN'을 발표했습니다. 아타리 2600의 대부분 게임을 성공하고, 특히 그중 29개 게임에서 인간을 뛰어넘는 기록을 세웠습니다. DQN은 입력 이미지의 픽셀(예: 게임의 프레임)을 수신하고 각 액션에 대한 예상 보상을 반환합니다. 신경망은 이미지 피처 인식에 능숙하기 때문에 DQN은 총 보상을 예측하기 위해 필요한 정보를 찾을 수 있습니다. DQN은 강화 학습에만 기여한 것은 아닙니다. 강화 학습을 사용한 신경망은 학습 과정에서 불안정한 경향이 있습니다. DQN은 이 문제를 다음과 같은 두 가지 방법으로 해결했습니다.

- **경험 재생**(experience replay): 과적합 문제를 피하기 위해 에이전트가 경험한 모든 상태 전이가 저장되며, 추후 미니배치 방식으로 DQN을 훈련시키는 데 사용됩니다. 미니배치 알고리즘으로 정확도 향상뿐만 아니라 학습 속도도 향상됩니다.
- **프레임 건너뛰기**: 아타리 게임 환경에는 초당 60개의 이미지를 가집니다. 그러나 우리는 초마다 액션을 취하지 않습니다. 따라서 DQN은 4개 프레임마다 추측을 계산합니다. 정확도를 유지하면서 비용을 크게 줄였습니다.

	B.Rider	Breakout	Pong	S.Invaders
랜덤	354	1.2	-20.4	179
DQN	4092	168	20	581
인간	7456	31	-3	3690

이 표(가로 항목은 게임 이름)는 아타리 게임별 총 평균 보상입니다. 일부 게임에서 DQN
이 인간보다 뛰어남을 알 수 있습니다. DQN은 인간 수준의 능력을 갖췄다고 볼 수 있
습니다. 구글 딥마인드의 인공지능(AI) 바둑 프로그램 '알파고'는 이미 인간 지식 없이
바둑을 마스터해 인간 기사와의 대국에서 승리를 거머쥐었습니다. 기계가 어떻게 생각
하고 학습하는지를 보여준, 역사에 남을 만한 감동적인 행사가 아닐까 싶습니다.

2.4 정리

이번 장에서는 딥러닝 최신 모델에 대해 살펴봤습니다. 각 모델은 특정 분야의 문제
를 해결하기 위해 설계되었습니다. CNN은 물체 감지 등 이미지 영상 처리에 뛰어나며,
원시 이미지 데이터에서 특정 요소로 추출할 때 적합합니다. 한편, RNN은 자연어 처
리 등 시계열 데이터에 적합한 모델입니다. 구글 번역과 같은 유명한 기계 번역 역시
RNN을 사용하고 있습니다. 특히, 딥러닝은 게임 분야에서 인간의 능력을 뛰어넘고 있
습니다. 강화 학습으로 인공지능의 문이 열렸습니다. 앞으로 새로 나올 딥러닝 모델에
늘 눈과 귀를 기울입시다.

3

자바스크립트 딥러닝 프레임워크

이번 장에서는 웹브라우저를 위한 자바스크립트 프레임워크인 TensorFlow.js, WebDNN, Keras.js를 소개합니다. 프로젝트 예제를 통해 주요 기능을 살펴보고 샘플 코드를 통해 분류 문제를 함께 실습해 보겠습니다.

제일 먼저 구글이 만든 자바스크립트 딥러닝 라이브러리인 **TensorFlow.js**를 살펴보겠습니다. 이전 명칭은 Deeplearn.js였습니다. 주요 핵심 API를 사용하여 배타적 논리합(XOR) 문제를 해결하기 위해 신경망을 구현하고 학습합니다. 두 번째 절에서는 도쿄대학교에서 개발한 머신러닝 라이브러리인 **WebDNN**을 살펴봅니다. 미리 준비된 ResNet 모델을 변환해 WebDNN을 사용해 이미지 분류 문제를 실습합니다. 세 번째 절에서는 **Keras.js**로 케라스 모델을 브라우저에 이식하는 방법을 배워 봅니다. Keras.js는 **MD.ai**의 공동 설립자인 레옹 첸(Leon Chen)이 개발했으며, WebGL 2를 통해 GPU를 지원합니다. 다른 프레임워크와 비교하기 위해 미리 훈련된 모델을 사용하여 분류 문제를 실습합니다.

3.1 TensorFlow.js

2017년 중반에 공개된 **TensorFlow.js**는 머신러닝을 위한 오픈소스 자바스크립트 라이브러리로, 웹브라우저와 node.js에서 모델을 학습하거나 배포할 수 있습니다. 앞서 웹 애플리케이션을 위한 딥러닝 프레임워크로 WebDNN 및 텐서파이어(TensorFire)가 있었습니다. 이들과 가장 큰 차이점은 바로 TensorFlow.js는 웹브라우저 내 하드웨어 가속 기능을 사용해 신경망을 학습시킬 수 있는 첫 번째 라이브러리라는 점입니다. TensorFlow.js는 WebGL 가속화 장점을 활용해 웹브라우저 내에서 완전히 실행되도록 설계되었습니다. 그 때문에 별도로 딥러닝 프레임워크를 설치하거나 모델을 빌드하지 않아도 됩니다. 사용자는 웹브라우저에서 실시간으로 데이터를 입력하거나 모델을 학습시킬 수 있습니다. 웹브라우저에서 제공하는 웹캠, 마이크 등 특별한 입력 기능을 사용해 애플리케이션을 제작할 수 있습니다. 이 내용은 이 장의 마지막 부분에서 다시 한번 언급하겠습니다.

새로운 프레임워크를 배우는 가장 좋은 방법은 토이 프로젝트 예제를 직접 만져보고 뜯어 보고 고쳐 보면서 핵심 개념을 알아가는 것입니다. TensorFlow.js도 그렇습니다. 다음 절에서는 다층 퍼셉트론이 XOR 함수를 학습하도록 만들어 볼 것입니다. TensorFlow.js 학습 API는 TensorFlow, Chainer 및 PyTorch와 같은 프레임워크에서 사용되고 있는 동적 신경망 생성 패러다임을 기반으로 합니다. 이미 딥러닝 프레임워크에 익숙하다면 TensorFlow.js를 배우는 데 어려움이 없을 것입니다. 아니라고 해도 걱정하지 마세요. 앞으로 차근차근 하나씩 알아볼 것입니다.

3.1.1 TensorFlow.js 시작하기

TensorFlow.js 공식 웹사이트(https://www.tensorflow.org/js/)에서 설치와 사용 방법을 확인할 수 있습니다. 이제 막 머신러닝에 입문했거나 텐서나 최적화 등이 필요 없다면 TensorFlow.js의 간소화 버전인 ml5.js 라이브러리를 사용할 수 있습니다. ml5.js는 TensorFlow.js를 바탕으로 만들어졌으며, 저사양의 머신러닝 알고리즘과 모델을 위한 API를 제공합니다.

텐서, 층, 최적화, 손실 함수 개념에 익숙하다면 TensorFlow.js를 바로 사용하면 됩니다. html 문서 내의 script 태그를 사용하거나, npm 또는 yarn 명령어로 라이브러리를 설치할 수 있습니다(https://www.tensorflow.org/js/tutorials/setup).

코드펜에서 설치 없이 간단히 TensorFlow.js를 실행해 볼 수도 있습니다. https://codepen.io/sujinlee/pen/Wqmbyb를 포크하면 됩니다. 현재 인터넷 익스플로러나 엣지 브라우저에서는 코드펜이 실행되지 않으므로 크롬 브라우저에서 실습할 것을 권장합니다. 코드펜에서 Console 버튼을 누르면 console.log로 출력되는 내용을 볼 수 있습니다.

TensorFlow.js를 활용한 멋진 프로젝트와 예제들이 궁금하다면 공식 웹사이트 내의 데모 페이지(https://www.tensorflow.org/js/demos/)와 깃허브 tfjs-examples 저장소(https://git.io/Jedu0)를 확인해 보세요. MNIST 분류, 전이 학습, 감정 분석 등 실제 딥러닝 프로젝트와 소스 코드를 볼 수 있습니다.

3.1.2 XOR 문제

TensorFlow.js 주요 개념을 배우기 전에 XOR 문제를 딥러닝으로 풀어 보겠습니다. 이 문제는 신경망을 제일 처음 배울 때 가장 많이 하는 실습이기도 합니다. 비교 연산을 하는 경우 AND의 문제나 OR의 문제는 하나의 로지스틱 회귀를 사용해 쉽게 해결할 수 있었습니다. 하지만 XOR의 경우에는 단일 로지스틱 회귀로 절대로 해결할 수 없습니다. 우리는 다층 퍼셉트론이 XOR 함수를 학습하게 만들어 볼 것입니다.

간단히 말해, XOR 연산자를 만드는 것입니다. 분류기를 학습시켜 두 개의 다른 이진 특성으로부터 이진 결과를 예측해 볼 것입니다. X_1과 X_2 특성이 같으면 분류기는 0을 출력하고, 그렇지 않으면 1을 출력합니다.

X_1	X_2	XOR
0	0	0 (-)
0	1	1 (+)
1	0	1 (+)
1	1	0 (-)

좀 더 재미있는 것을 만들기 위해 두 입력이 이진수가 아니라 −1부터 1까지 실제 값을 허용하도록 만들겠습니다. 분류기는 두 입력이 모두 양수이거나 음수일 때 0을 예측하고, 그렇지 않으면 1을 예측해야 합니다.

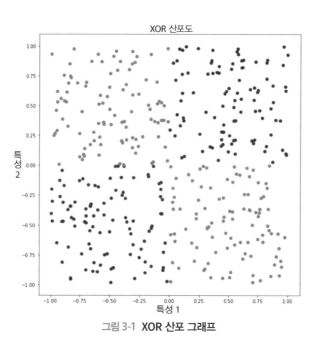

그림 3-1 XOR 산포 그래프

그림 3-1은 입력 샘플을 표시한 것으로, 색깔은 각 분류를 뜻합니다. 이 그래프에서 파악할 수 있듯이 두 클래스를 서로 나눌 수 있는 직선이 없기 때문에 선형 분류기를 사용할 수 없음을 알 수 있습니다.

3.1.3 XOR 문제 해결

이제부터 TensorFlow.js로 XOR 식을 푸는 신경망을 만들고 node.js에서 실행해 보겠습니다. 실습을 위해서는 node.js와 자바스크립트 패키지 매니저인 npm 또는 yarn이 설치되어 있어야 합니다. 코드 에디터를 열고 npm init 또는 yarn init을 실행해 package.json을 생성합니다. 이 파일을 통해 의존성을 관리합니다. Tensorflow.js를 node.js 백엔드에서 실행하기 위해서 tfjs 라이브러리와 tfjs-node 라이브러리를 설치해야 합니다.

Node.js에서 TensorFlow.js는 TensorFlow API에 직접 바인딩되며 CPU로 실행됩니다.

npm 명령어를 사용할 경우는 npm install @tensorflow/tfjs @tensorflow/tfjs-node로, yarn일 경우는 yarn add @tensorflow/tfjs @tensorflow/tfjs-node로 설치를 진행합니다.

이제 index.js 파일을 만들어 제일 앞부분에 require() 메서드로 tfjs와 tfjs-node 모듈을 불러옵니다.

```
require('@tensorflow/tfjs-node')
const tf = require('@tensorflow/tfjs')
```

이제 다음의 코드를 복사해 붙여넣기를 한 후 콘솔에서 node index.js를 실행해 보세요.

```
const dimIn = 2
const dimOut = 1

const numNeurons1 = 20
const numNeurons2 = 5

const learningRate = 0.01
const numIterations = 100
const batchSize = 20

const W1 = tf.variable(tf.randomNormal([dimIn, numNeurons1]))
const b1 = tf.variable(tf.zeros([numNeurons1]))
const W2 = tf.variable(tf.randomNormal([numNeurons1, numNeurons2]))
const b2 = tf.variable(tf.zeros([numNeurons2]))
const W3 = tf.variable(tf.randomNormal([numNeurons2, dimOut]))
const b3 = tf.variable(tf.zeros([dimOut]))

const optimizer = tf.train.adam(learningRate)

const eps = tf.scalar(1e-7)
const one = tf.scalar(1)

// 주어진 입력에 대한 예측을 출력하는 모델입니다.
function predict(input) {
  return tf.tidy(() => {
    const hidden1 = input.matMul(W1).add(b1).relu()
```

```javascript
    const hidden2 = hidden1.matMul(W2).add(b2).relu()
    const out = hidden2.matMul(W3).add(b3).sigmoid()
    return out.as1D()
  })
}

// 모델 예측과 실제 라벨의 오차를 구하는 손실을 구하는 함수입니다.
function loss(prediction, actual) {
  // 올바른 오류 측정 방법을 사용하는 것이 중요합니다.
  return tf.tidy(() => {
    return tf
      .add(
        actual.mul(prediction.add(eps).log()),
        one.sub(actual).mul(
          one
            .sub(prediction)
            .add(eps)
            .log()
        )
      )
      .mean()
      .neg()
      .asScalar()
  })
}

// 비동기로 모델을 학습시키는 함수입니다.
async function train(numIterations, done) {
  for (let iter = 0; iter < numIterations; iter++) {
    let xs, ys, cost
    [xs, ys] = getNRandomSamples(batchSize)

    cost = tf.tidy(() => {
      cost = optimizer.minimize(() => {
        const pred = predict(tf.tensor2d(xs))
        const pretfoss = loss(pred, tf.tensor1d(ys))
        return pretfoss
      }, true)
      return cost
    })

    if (iter % 10 == 0) {
      await cost
        .data()
        .then(data => console.log(`Iteration: ${iter} Loss: ${data}`))
    }
    await tf.nextFrame()
```

```
}
  done()
}

// 모델의 정확도를 계산하는 함수입니다.
function test(xs, ys) {
  tf.tidy(() => {
    const predictedYs = xs.map(x =>
      Math.round(predict(tf.tensor2d(x, [1, 2])).dataSync())
    )

    let predicted = 0
    for (let i = 0; i < xs.length; i++) {
      if (ys[i] == predictedYs[i]) {
        predicted++
      }
    }
    console.log(`Num correctly predicted: ${predicted} of ${xs.length}`)
    console.log(`Accuracy: ${predicted / xs.length}`)
  })
}

// 랜덤 샘플과 그에 상응하는 라벨을 반환하는 함수입니다.
function getRandomSample() {
  let x, y
  x = [Math.random() * 2 - 1, Math.random() * 2 - 1]
  if ((x[0] > 0 && x[1] > 0) || (x[0] < 0 && x[1] < 0)) {
    y = 0
  } else {
    y = 1
  }
  return [x, y]
}

// 랜덤 샘플을 반환하는 함수입니다.
function getNRandomSamples(n) {
  let xs = []
  let ys = []
  for (let iter = 0; iter < n; iter++) {
    let x, y
    [x, y] = getRandomSample()
    xs.push(x)
    ys.push(y)
  }
  return [xs, ys]
}
```

```
let testX, testY
[testX, testY] = getNRandomSamples(100)

// 학습 전 신경망 테스트를 실행합니다.
console.log(`Before training: `)
test(testX, testY)

console.log("=============")
console.log(`Training ${numIterations} epochs...`)

// 학습 후 신경망 테스트를 실행합니다.
train(numIterations, () => {
  console.log("=============")
  console.log('After training:')
  test(testX, testY)
})
```

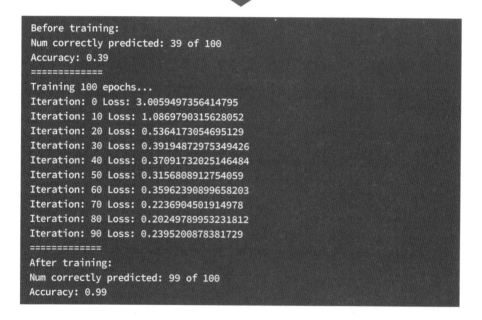

```
Before training:
Num correctly predicted: 39 of 100
Accuracy: 0.39
=============
Training 100 epochs...
Iteration: 0 Loss: 3.0059497356414795
Iteration: 10 Loss: 1.0869790315628052
Iteration: 20 Loss: 0.5364173054695129
Iteration: 30 Loss: 0.39194872975349426
Iteration: 40 Loss: 0.37091732025146484
Iteration: 50 Loss: 0.3156808912754059
Iteration: 60 Loss: 0.35962390899658203
Iteration: 70 Loss: 0.2236904501914978
Iteration: 80 Loss: 0.20249789953231812
Iteration: 90 Loss: 0.2395200878381729
=============
After training:
Num correctly predicted: 99 of 100
Accuracy: 0.99
```

코드 실행 후 출력 메시지는 'Before training(학습 전 신경망 테스트)', 'Loss(학습 오차)', 'After training(학습 후 신경망 테스트)' 세 부분으로 구분해 볼 수 있습니다.

첫 번째 부분은 학습 전 신경망을 대상으로 테스트를 실시합니다. 테스트 샘플 100개를 생성한 후에 각 샘플에 대한 네트워크 예측을 출력하고 정확도를 계산합니다. 테스트 샘플과 네트워크 초기 가중치는 무작위로 생성되기 때문에 실행할 때마다 결과가 다릅니다. 그러나 비훈련된 네트워크의 정확도는 약 50%임을 알 수 있습니다. 학습 데이터를 제공하지 않았기 때문에 샘플이 어디에 속해 있는지를 무작위로 추측하게 됩니다.

두 번째 부분은 이터레이션(iteration) 단계마다 신경망의 학습 오류를 보여줍니다. 학습이 진행되면서 오류가 어떻게 변하는지 관찰해 보세요. 컴퓨터 속도에 따라 차이가 있겠지만 몇 초 후면 학습이 끝납니다.

마지막으로, 학습이 끝난 신경망을 대상으로 첫 번째 테스트를 반복합니다. 앞서 언급했듯이, 데이터와 초기 가중치는 무작위로 선별했기 때문에 실행할 때마다 최종 정확도가 달라집니다. 아마 대부분 정확도는 80% 이상일 것입니다. 이로써 신경망이 XOR 연산을 실제로 배웠습니다. 모두 웹브라우저에서 일어난 일이죠!

3.1.4 네트워크 구조

코드를 먼저 살펴보기 전에 XOR를 학습하는 네트워크에 대해 배워 봅시다. 순수한 다층 퍼셉트론으로 20개의 뉴런을 가진 은닉층, 5개의 뉴런을 가진 은닉층으로 구성되어 있습니다. 입력층은 두 개의 입력으로 구성되고, 출력층은 0 또는 1로 단일 출력을 합니다. 오늘날 신경망에서 흔히 볼 수 있듯이, 각각의 은닉층은 ReLU 활성화 함수에 의해 계승됩니다. 그림 3-2는 XOR 네트워크 구조를 도식화한 것입니다.

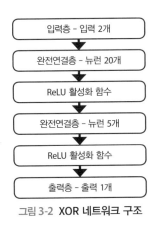

그림 3-2 **XOR 네트워크 구조**

학습을 위해서 100회 이터레이션, 배치 사이즈 20, 학습률 0.01, 최적화는 Adam을 사용합니다. XOR 문제는 간단하기 때문에 많은 층과 뉴런이 필요하지 않습니다. 물론, Adam 대신에 SGD가 성능이 나을 수 있습니다. 이 실습의 목적은 최적의 네트워크를 만드는 것이 아니라 TensorFlow.js 기초를 학습하는 것임을 기억하세요. TensorFlow.js 사용법에 익숙해지면 좀 더 좋은 성능의 네트워크를 만들어 보세요.

다시 코드 처음 부분을 봅시다. 이 부분은 신경망 아키텍처 구조를 상수(constant)로 정의했습니다.

```
const dimIn = 2
const dimOut = 1

const numNeurons1 = 20
const numNeurons2 = 5

const learningRate = 0.01
const numIterations = 100
const batchSize = 20
```

3.1.5 텐서

최근의 머신러닝 및 딥러닝 프레임워크는 **텐서(Tensor)**를 기본 데이터 구조로 사용합니다. 텐서는 임의의 차원 개수를 가지는 행렬의 일반화로, 숫자가 들어가는 컨테이너와 같습니다. 입력과 출력은 텐서라는 다차원 배열입니다. 텐서플로는 임의의 차원을 갖는 배열들을 뜻하는 텐서에서 그 이름이 유래되었습니다.

현재 TensorFlow.js는 0차원(0D 텐서) 배열(스칼라)부터 4차원(4D 텐서) 배열까지 지원합니다. 학습 데이터, 테스트 데이터, 네트워크 가중치 등과 같이 신경망에서 처리하는 모든 데이터는 반드시 텐서로 표시해야 합니다. TensorFlow.js는 사용자로부터 텐서를 통해 WebGL 셰이더(shaders) 사용을 숨깁니다. 내부적으로 TensorFlow.js는 CPU(자바스크립트 스레드)에서 GPU(WebGL 셰이더)로, (결과를 검색하기 위해) 텐서 데이터를 앞뒤로 전송합니다.

TensorFlow.js는 텐서 데이터인 tf.Tensor를 WebGL 텍스처로 저장합니다. 텐서가 생성되면 GPU에 데이터를 즉시 업로드하지 않고 텐서가 사용되기 전까지 CPU에서 가지고 있습니다. tf.Tensor를 두 번째 사용할 때 데이터가 이미 GPU에 있으므로 다시 업로드하지 않아도 됩니다. 일반적인 머신러닝에서 첫 번째 예측 시 가중치가 업로드된 이후 두 번째 예측부터 속도가 빨라집니다.

TensorFlow.js는 텐서 생성을 위한 다양한 메서드를 제공하고 있습니다. 다음은 텐서를 정의한 부분입니다.

```
const W1 = tf.variable(tf.randomNormal([dimIn, numNeurons1]))
const b1 = tf.variable(tf.zeros([numNeurons1]))
const W2 = tf.variable(tf.randomNormal([numNeurons1, numNeurons2]))
const b2 = tf.variable(tf.zeros([numNeurons2]))
const W3 = tf.variable(tf.randomNormal([numNeurons2, dimOut]))
const b3 = tf.variable(tf.zeros([dimOut]))
```

2개의 은닉층과 함께 다층 퍼셉트론의 학습 가능한 변수의 초깃값을 설정했음을 알 수 있을 것입니다. 은닉층마다 가중치와 편향을 정의했고, 또한 출력층에도 가중치와 편향(단 하나의 출력 뉴런)을 정의했습니다.

가중치 텐서 W1을 생성하기 위해 tf.randomNormal 메서드를 사용했습니다. 지정된 정규분포에 따르는 1차원 텐서를 만들어 주는 함수로 난수를 반환합니다. 가중치 W1은 2차원(2D 텐서) 배열 [dimIn, numNeurons1]로, dimIn은 신경망의 입력 수, numNeurons1은 은닉층의 뉴런 수를 말합니다. XOR 문제는 입력 수가 2개이니 dimIn 값은 2가 됩니다.

여기서 꼭 기억해야 할 것은 Tensor는 변경 불가능한 객체라는 점입니다. 그러나 학습이 거듭되면서 가중치가 업데이트되어야 합니다. 이 때문에 W1을 다시 tf.variable 메서드로 감싸서 변수로 변환합니다. 이제 이 변수는 값이 변경되는 텐서가 되었습니다.

편향을 생성하려면 tf.zeros 메서드를 사용합니다. 반환된 텐서 값이 0으로 초기화된다는 점을 제외하고는 tf.randomNormal과 유사합니다.

마지막으로, 두 개의 스칼라 텐서인 eps와 one을 정의했습니다. 이 상수는 앞으로 연산 과정에서 사용됩니다. 텐서와 자바스크립트 변수 간에는 일반적인 연산을 할 수 없습니다. 텐서 연산에 상수를 사용하려면 이러한 상수를 텐서 객체로 만들어야 합니다.

3.1.6 연산

텐서 내에서 데이터를 처리하기 위해 **연산(operation)** 과정이 필요합니다. TensorFlow.js는 다양한 텐서 연산 메서드를 제공합니다. predict() 함수를 살펴보겠습니다. 이 함수는 입력 2차원 텐서를 인자로 받고 각 입력에 대해 신경망의 출력을 반환하는 예측 함수입니다.

```
function predict(input) {
  return tf.tidy(() => {
    const hidden1 = input
      .matMul(W1)
      .add(b1)
      .relu()
    const hidden2 = hidden1
      .matMul(W2)
      .add(b2)
      .relu()
    const out = hidden2
      .matMul(W3)
      .add(b3)
      .sigmoid()

    return out.as1D()
  })
}
```

예측 함수는 신경망의 가중치를 정의하며, 편향은 단일 XOR 입력 배치부터 출력을 예측하는 데 사용됩니다. input은 [batchSize, dimIn]인 2차원 텐서로서 batchSize는 배치 크기, dimIn은 입력 수를 말합니다.

처음 할 일은 다음의 순서에 따라 첫 번째 은닉층의 출력을 계산하는 것입니다.

- 입력과 가중치 텐서 W1을 행렬 곱셈합니다.

- 편향 b1을 출력에 추가합니다.

- ReLU 활성화 함수를 적용합니다.

바로 **const** hidden1 = input.matMul(W1).add(b1).relu() 이 부분에 해당됩니다. 좀 더 자세히 살펴보겠습니다.

모든 텐서 객체는 다양한 연산을 수행하는 메서드를 참조합니다. 먼저, 행렬 곱셈을 위해 .matMul() 메서드를 호출해 가중치 텐서 W1을 전달했습니다. [batchSize, 20]인 2차원 텐서가 출력됩니다. 다음 단계는 간단합니다. 행렬 곱의 연산 결과는 텐서 객체인데, 여기에 편향 b1를 더해 주기 위해서는 .add() 메서드를 사용합니다. 마지막으로, 첫 번째 은닉층 출력을 저장하고 렐루 활성화 함수 .relu()를 연결합니다.

두 번째 은닉층과 출력층의 출력은 변수를 제외하고 첫 번째 은닉층과 비슷한 방식으로 계산됩니다. 출력층의 경우 참 또는 거짓을 출력하므로 시그모이드 활성화 함수인 .sigmoid()를 사용했습니다.

마지막으로, .as1D() 메서드로 [batchSize, 1]의 최종 출력 텐서를 1차원인 [batchSize]로 변환합니다. 따라서 미리 1차원으로 축소시켰기 때문에 손실 함수를 계산할 때 편리하게 사용할 수 있습니다.

출력이 다차원인 경우는 소프트맥스 활성화 함수를 사용하고 출력을 2차원 텐서 [batchSize, dimOut]으로 유지해야 합니다.

지금까지 간단한 예측 함수를 만들어 봤습니다. TensorFlow.js는 복잡한 네트워크를 위한 합성곱, 풀링, 배치 정규화 등의 기능을 지원합니다. 공식 문서를 잘 읽어 보길 바랍니다. 지금부터는 손실 함수에 대해 알아보겠습니다.

```
function loss(prediction, actual) {
  return tf.tidy(() => {
    return tf
      .add(
        actual.mul(prediction.add(eps).log()),
```

```
        one.sub(actual).mul(
          one.sub(prediction).add(eps).log()
        )
      )
      .mean().neg().asScalar()
  })
}
```

XOR 문제와 같이 이진 분류 문제에 가장 많이 사용되는 손실 함수는 **로그 손실**(Log Loss)입니다. 로그 손실은 예측 입력이 0과 1 사이의 확률값인 이진 분류 모델의 성능을 측정합니다. 머신러닝 모델의 목표는 손실을 최소화하는 것입니다. 로그 손실이 0이 되어야 완벽한 모델이라 할 수 있습니다. 반대로, 예를 들어 레이블(정답)이 1이지만 예측 확률이 0.012라면 손실은 더 클 것입니다.

로그 손실 방정식은 다음과 같습니다.

$$-(y \log(p) + (1 - y)\log(1 - p))$$

식 3-1 **로그 손실**

y는 예측 출력(0 또는 1)이고 p는 예측 확률(0과 1 사이의 값)입니다. 예측 결과에 **eps**(입 실론, epsilon)을 추가해 0의 로그를 취하지 않도록 만들었습니다.[1]

loss() 함수는 배치당 예측(prediction)과 실제 정답(actual)의 평균 로그 손실을 계산합니다. 예측 prediction과 실제 actual 모두 1차원 텐서입니다.

애플리케이션에서 prediction은 예측 함수의 출력이며, actual은 예측 샘플의 실제 클래스를 말합니다. loss() 함수는 스칼라 텐서를 반환합니다. 학습 과정에서 asScalar() 메서드는 최적화에 사용되기 때문에 매우 중요합니다.

tf.add() 연산 메서드에 대해서도 알아봅시다. 연산 과정에서 텐서 객체를 다시 메서드로 호출할 필요가 없습니다. 전역 **tf** 네임스페이스 내에서 단독형(standalone) 함수로

---

1 (옮긴이) 실수형 변수는 오차가 있기 때문에 같은 값을 가져야만 하는 상황에서도 다른 값일 때가 매우 많습니다. 보통 eps는 1e-6~1e-9 정도로 정합니다.

사용할 수 있습니다. 단지 구문만 다를 뿐이며, 편의상 이렇게 사용하는 것이 좋을 것입니다.

다음으로, **tf.tidy()** 메서드를 알아봅시다. TensorFlow.js는 텐서 객체를 생성할 때마다 각 텐서의 WebGL 텍스처(WebGL texture)를 만듭니다. 각 연산에서 새로운 텐서 객체를 생성하기 때문에 **predict()**와 **loss()** 함수에서 연쇄 연산이 가능합니다. 자바스크립트는 가비지 컬렉터(garbage collector)가 있어 메모리 할당을 추적하고 할당된 메모리가 언제 더 이상 사용되지 않는지를 파악해 메모리를 수거합니다. 그러나 많은 언어가 시스템의 메모리 힙(Memory Heap)에 메모리를 할당하고 제어할 수 있는 책임을 프로그래머에게 부여합니다. 메모리 수동 관리 방식을 사용한다면 상황에 맞는 메모리 할당 정책과 해지 정책을 선택할 수 있습니다. WebGL 텍스처가 그렇습니다. WebGL 텍스처를 생성한 후 더 이상 사용하지 않는다면 **dispose()** 메서드를 사용해 수동으로 처리해야 합니다. 매번 쓰레기가 생길 때마다 처리해야 하니 얼마나 번거로울까요!

tf.tidy() 메서드는 바로 이 문제를 해결해 주는 마법을 가지고 있습니다. 코드 전체를 **tf.tidy()** 메서드로 감싸면 모든 텐서 객체를 추적해 생성된 모든 WebGL 텍스처를 삭제합니다. 참 편리하죠!

3.1.7 학습

변수와 연산을 설정한 후 학습을 할 차례입니다. 가장 먼저 최적화 상수 **optimizer**를 초기화합니다.

```
const optimizer = tf.train.adam(learningRate)
```

optimizer는 **train()** 함수에 사용됩니다.

```
async function train(numIterations, done) {
  for (let iter = 0; iter < numIterations; iter++) {
    let xs, ys, cost
    [xs, ys] = getNRandomSamples(batchSize)
```

```
  cost = tf.tidy(() => {
    cost = optimizer.minimize(() => {
      const pred = predict(tf.tensor2d(xs))
      const pretfoss = loss(pred, tf.tensor1d(ys))
      return pretfoss
    }, true)
    return cost
  })

  if (iter % 10 == 0) {
    await cost
      .data()
      .then(data => console.log(`Iteration: ${iter} Loss: ${data}`))
  }
  await tf.nextFrame()
}
done()
}
```

train() 함수는 비동기 함수입니다. 학습 단계는 프로세스가 무겁기 때문에 브라우저
가 막지 못하도록 CPU UI 스레드에서 분리된 별도의 스레드에서 실행되도록 해야 합
니다. train() 함수는 numIterations, done을 인자로 받습니다. numIterations는 학
습 단계입니다. done은 루프가 끝나자마자 콜백 함수를 전달합니다. 학습 과정 단계는
다음과 같습니다.

1. 학습에 사용할 batchSize 샘플을 무작위로 생성합니다. 이는 예외의 경우로, 일
   반적으로 학습 도중 학습 데이터를 생성하지 않습니다. 고정된 학습 데이터 순서
   를 섞어 최종 학습 데이터를 만들고 배치를 추출하는 것이 일반적입니다.

2. 배치마다 예측값을 얻습니다.

3. 모든 배치의 전체 손실을 계산합니다.

4. 최적화가 역전파하여 신경망 변수를 업데이트합니다.

5. 10번째 이터레이션마다 학습 손실을 출력합니다.

6. tf.nextFrame() 메서드로 웹브라우저가 UI 변경을 렌더링할 수 있도록 허용합니다.

이제 2~4단계에 해당하는 코드를 자세히 살펴보겠습니다.

```
cost = optimizer.minimize(() => {
  const pred = predict(tf.tensor2d(xs))
  const predLoss = loss(pred, tf.tensor1d(ys))
  return predLoss
},true)
```

optimizer 객체의 minimize() 메서드는 스칼라를 반환하는 함수 f를 반환합니다. optimizer 가중치 및 편향에 대한 스칼라의 비율을 계산해 업데이트하고, 반환된 스칼라를 그에 따라 업데이트하여 반환된 스칼라를 최적화합니다. 함수 f로 반환된 스칼라와 predLoss를 최소화하기 위해 true을 전달했습니다.

5단계에 해당하는 코드를 봅시다.

```
cost.data().then(data => console.log(`Epoch: ${iter} Loss: ${data}`))
```

학습이 반복되면서 손실을 출력하는 부분입니다. 이처럼 학습 중 반환된 텐서 값을 추출할 수 있습니다.

GPU를 사용할 때 모든 텐서 연산은 논블로킹(non-blocking)이며 비동기로 실행됩니다. 반환된 텐서는 단순히 표시자로, 자바스크립트 메인 스레드에서 즉시 사용할 수 없습니다.

반환된 텐서에서 추출된 데이터를 CPU에서 사용하려면 data(), dataSync() 두 메서드를 사용해야 합니다.

첫 번째 data() 메서드는 자바스크립트 Promise를 반환하는 논블로킹 메서드로, 텐서 데이터가 준비되었을 때 즉시 사용할 수 있습니다. Promise 객체에는 성공 시 사용되는 resolve, 에러 발생 시 사용되는 reject, Promise의 마지막 상태를 반환하는 then 키워드가 있습니다. then 메서드에서 데이터를 전달받아 처리하게 만들 수 있습니다. 우리는 데이터를 출력시킨 것입니다.

두 번째 dataSync() 메서드는 data() 메서드의 블로킹 버전으로, 동기화 함수입니다. 이 메서드는 텐서 값을 사용할 수 있을 때까지 대기를 하기 위해 사용됩니다. 일반적으로 실제 애플리케이션에서는 dataSync() 메서드 사용을 피해야 합니다. 메인 CPU 스레드에서 스톨(stall, CPU가 메모리로부터 데이터를 기다리는 현상)이 발생해 브라우저가 다른 작업을 수행하지 못하게 될 수 있기 때문입니다.

data()와 dataSync()를 통해 값을 가져올 때 GPU가 아닌 CPU로 다운로드하면 애플리케이션 속도가 현저히 낮아집니다. 꼭 필요하다면 최종 결과만을 표시하거나 디버깅, 벤치마킹 목적으로만 사용하는 것이 좋습니다.

마지막으로, tf.nextFrame()을 호출했습니다. tf.nextFrame() 메서드는 작업을 일시 중지한 다음, 자바스크립트의 requestAnimationFrame() 메서드로 브라우저 호출을 시도합니다. 그리고 브라우저 호출이 완료되고 나면 다음 작업을 다시 이어서 진행할 수 있게 해 줍니다.

다음으로, test()를 봅시다. 이 함수는 피처(xs)와 해당 레이블(ys)을 취해 정확도를 출력합니다. 이 코드에 대한 설명은 여러분의 숙제로 남겨두겠습니다. 지금까지 모든 개념을 이해하고 있어야 합니다.

3.1.8 TensorFlow.js 생태계

TensorFlow.js에 이제 막 입문했다면 온라인에서 많은 자료, 샘플 예제, 코드 저장소를 만날 수 있을 것입니다. 이번 절은 TensorFlow.js 생태계에 대해 전반적으로 소개합니다. tfjs(https://git.io/Jedgs) 저장소에서 관련 라이브러리를 확인할 수 있습니다. 이 중 가장 중요한 라이브러리 몇 가지를 간략히 살펴보겠습니다.[2]

CORE API(TFJS-CORE)

Core API(https://git.io/Jeduz)는 합성곱과 패딩 연산, 논리 및 수학 연산자 등 CPU와 GPU에 대한 저수준의 텐서 기능 구현과 최적화를 지원합니다. Core API의 전신은 deeplearn.js입니다.

---

2 (옮긴이) 2019년 8월 이후 3.1.8절에서 소개하는 라이브러리들은 tfjs 라이브러리에 모두 통합되어 관리되고 있습니다.

LAYERS API(TFJS-LAYERS)

Layers API(https://git.io/Jedu2)는 케라스와 비슷한 고수준의 신경망 API입니다. 공식 문서에 있는 **tf.layer.***메서드가 포함되어 있습니다.

많은 파라미터와 옵션이 케라스와 동일하게 구현되어 있습니다. Core API보다 사용 가능한 파라미터 수가 적을 수 있습니다. 예를 들면, 합성곱의 패딩 옵션이 그렇습니다. Layers API는 단일 텐서보다는 배치를 위해 설계된 메서드입니다. 따라서 입력층과 출력층은 배치 크기를 정의해야 합니다. 다음은 Layers API를 사용한 예제입니다.

```
const model = tf.sequential()

model.add(
  tf.layers.conv2d({
    inputShape: [28, 28, 1],
    kernelSize: 5,
    filters: 8,
    strides: 1,
    activation: 'relu'
  })
)
model.add(
  tf.layers.maxPooling2d({
    poolSize: [2, 2],
    strides: [2, 2]
  })
)
model.add(
  tf.layers.conv2d({
    kernelSize: 5,
    filters: 16,
    strides: 1,
    activation: 'relu'
  })
)
model.add(
  tf.layers.maxPooling2d({
    poolSize: [2, 2],
    strides: [2, 2]
  })
)
```

```
model.add(tf.layers.flatten())
model.add(tf.layers.dense({ units: 10, activation: 'softmax' }))
```

NODE.JS API(TFJS-NODE)

tfjs-node(https://git.io/Jedua)는 백엔드 자바스크립트 애플리케이션인 Node.js에서 텐서플로를 실행합니다. TensorFlow.js와 동일한 API를 제공합니다.

사전 학습 모델을 위한 TensorFlow.js(TFJS-CONVERTER)

tfjs-converter(https://git.io/Jeduw)는 사전 학습된 케라스 모델과 정적 실행 그래프를 TensorFlow.js 형식으로 변환하는 기능을 제공합니다. 변환기는 형식 변환과 파라미터를 TensorFlow.js 내부에 매핑하고 효율적인 추론을 위한 파라미터 모양을 최적화합니다. 다음은 케라스 모델을 변환하는 예제입니다.

```
$ tensorflowjs_converter --input_format=keras \
/tmp/my_keras_model.h5 \
/tmp/my_tfjs_model
```

THE TENSORFLOW.JS MODEL ZOO(TFJS-MODELS)

구글은 TensorFlow.js로 구현된 SqueezeNet, MobileNet, PoseNet 등의 모델을 **tfjs-models**(https://git.io/Jedur)에서 오픈소스로 공개했습니다. 이 모델은 npm으로 설치하거나 CDN으로 로드할 수 있습니다.

```
$ npm install @tensorflow-models/mobilenet
<!-- MobileNet 모델을 불러옵니다. -->
<script src='https://unpkg.com/@tensorflow-models/ mobilenet@0.0.1'></script>
```

이제 가져온 모델을 브라우저 또는 Node.js에서 사용할 수 있습니다.

```
const model = await mobilenet.load()
const prediction = await model.classify(img)
```

지금까지 TensorFlow.js의 핵심 개념에 대해 알아봤습니다. 텐서플로 공식 사이트에서 API 문서와 튜토리얼 예제 등을 제공하고 있습니다. 이 책의 후반부에서는 TensorFlow.js 라이브러리를 직접 사용해서 실제 애플리케이션을 개발해 볼 것입니다. 이제 또 다른 웹브라우저 딥러닝 프레임워크인 WebDNN을 살펴보겠습니다.

3.2 WebDNN

WebDNN[3]은 도쿄대 인공지능 연구소에서 개발된 웹브라우저 딥러닝 프레임워크로, 특히 심층 신경망(Deep Neural Network, DNN) 모델[4]에 특화되었습니다.

아직 TensorFlow.js에 비해 유명하지는 않지만 텐서플로(TensorFlow), 케라스(Keras), 파이토치(PyTorch), 체이너(Chainer), 카페(Caffe) 등 다양한 딥러닝 프레임워크 형식을 지원합니다.

이미 학습된 모델이 있다면 WebDNN으로 쉽게 가져올 수 있습니다. WebDNN은 학습된 모델을 압축하여 웹브라우저에서 실행합니다. WebDNN은 컴파일러와 비슷한 최적화 파이프라인이 있는데, 중간 표현(Intermediate Representation, IR) 단계를 거쳐서 학습된 모델을 변환합니다. WebDNN이 IR로 작성된 중간 표현을 최적화한 후, 최종 최적화된 모델이 커널 생성기로 생성됩니다.

그림 3-3 **WebDNN 아키텍처**

Tensorflow.js처럼 WebDNN도 WebGL의 하드웨어 가속 기능을 활용할 수 있습니다. 추론에 최적화된 모델은 WebGL은 물론 WebAssembly 및 WebGPU에서도 실행될 수

---

3 (옮긴이) WebDNN의 깃허브 저장소: https://git.io/v7dsG
4 (옮긴이) 은닉층과 출력층이 2개 이상이면 심층 신경망이라고 합니다.

있습니다. 대부분 최신 웹브라우저가 지원하고 있으므로 아무런 문제없이 사용할 수 있지만, WebDNN은 학습이 불가능하며 오직 추론만 가능하다는 점이 TensorFlow.js 와의 가장 큰 차이점입니다. 사전 훈련된 모델을 WebDNN으로 가져와야 합니다. 따라서 WebDNN을 웹브라우저에서 사전 훈련된 모델을 더 빠르게 만들어 주는 최적화라고 생각해야 합니다.

WebDNN을 사용해 사전 학습된 SqueezeNet 모델을 가져와 봅시다. SqueezeNet은 AlexNet에 견줄 만한 성능을 보이면서 메모리가 매우 작은 모델이며, 모바일 디바이스, IoT 등에서 딥러닝 학습을 해야 하는 경우에 적합합니다. pip 명령어로 WebDNN을 설치하겠습니다.

```
$ pip install webdnn
```

먼저, 사전 학습된 케라스 모델을 가져옵니다.

```
from keras.applications import resnet50
model = resnet50.ResNet50(include_top=True, weights='imagenet')
model.save('resnet50.h5')
```

그런 다음, 콘솔에서 케라스 모델을 연산 그래프 형식(computation graph format)으로 변환합니다. tfjs-converter에서 했던 것처럼 저장된 모델을 최적화된 모델로 변환합니다.

```
python bin/convert_keras.py resnet50.h5 --input_shape '(1,224,224,3)' --out output
```

생성된 파일을 WebDNN 모델에 정의합니다.

```
let runner, image, probabilities

async function init() {
  // descriptor runner 정의
  runner = await WebDNN.load('./output')
  image = runner.inputs[0]
  probabilities = runner.outputs[0]
}
```

```
async function run() {
  // 입력값을 설정
  image.set(await WebDNN.Image.getImageArray('./input_image.png'))

  // 실행
  await runner.run()

  // 결과 출력
  console.log('Output', WebDNN.Math.argmax(probabilities))
}
```

WebDNN 공식 사이트에 따르면, WebDNN은 WebGPU에서 속도가 가장 빠릅니다. WebGPU는 W3C 표준 API가 아니기 때문에 모든 최신 브라우저가 지원하지 않을 수 있습니다. 참고로, 현재 WebGPU는 표준화가 진행되고 있으며, 현시점에서는 크롬 카나리와 사파리에서만 지원하고 있습니다. WebGPU를 지원하는 브라우저는 WebGPU의 Implementation Status(https://git.io/JeduK) 페이지를 참고하세요. WebGPU API는 웹용 WebGL 및 WebGL 2 그래픽 API의 후속 제품으로, GPU 계산 기능을 제공하며 GPU 하드웨어에 대한 오버헤드가 적고 높은 성능을 보입니다. 앞으로 WebGPU의 표준화가 확정되면 WebDNN이 더 큰 주목을 받을 것입니다.

3.3 Keras.js

Keras.js는 웹브라우저를 위한 딥러닝 프레임워크로, 케라스에서 생성된 모델만 지원합니다. 케라스는 다양한 백엔드 프레임워크를 지원하고 있습니다. 따라서 Keras.js 역시 케라스가 지원하는 백엔드를 지원합니다. Keras.js(https://git.io/JeduX)에서 확인할 수 있습니다. 하지만 2018년 이후 Keras.js는 더는 유지보수가 되지 않기 때문에 TensorFlow.js를 선택하는 것이 바람직합니다. 여기서는 Keras.js에 대해 간략히 살펴보기만 하겠습니다.

TensorFlow.js와 마찬가지로 Keras.js는 WebGL과 함께 실행되는 셰이더 코드를 커널 함수로 구현합니다. 그러나 TensorFlow.js와 달리 Keras.js는 학습을 지원하지 않습니다.

따라서 별도로 사전 훈련된 모델을 준비해야 하지만, 주 스레드와 별도로 웹워커(Web Worker)에서도 실행할 수 있어서 UI 렌더링을 차단하지 않아도 됩니다. 좋은 사용자 경험은 딥러닝 애플리케이션에서도 매우 중요합니다. 그러나 아쉽게도 웹워커는 주 스레드 콘텍스트에 포함된 DOM 요소에 액세스할 수 없어 딥러닝 예측 결과 사용에 제한이 있습니다. 웹워커 부분은 이 책의 후반부에서 더 자세히 다룰 예정입니다.

Keras.js 설치 방법은 다음과 같습니다.

```
$ git clone git@github.com:transcranial/keras-js.git
$ cd keras-js
$ npm install
$ npm run server
```

npm run server 명령으로 로컬 서버를 실행한 후에 http://localhost:3000 페이지를 열어 보면 Keras.js 공식 웹사이트(https://git.io/JeduX)와 동일할 것입니다.

Keras.js는 사용자 정의 프로토콜 버퍼 포맷의 바이너리 파일인 hdf5 확장자를 사용합니다. 이 파일은 HDF5 형식으로 케라스 모델과 해당 모델의 가중치 파일을 직렬화한 것입니다. python/encoder.py 파일이 바이너리 파일로 변환시켜 줍니다.

```
$ python python/encoder.py /path/to/파일명.hdf5
```

스크립트를 실행하면 model_weights.buf와 mod_metadata.json 두 파일이 생성됩니다. 추가로, 케라스에서 생성된 model.json 파일은 Keras.js 모델을 만드는 데 필요합니다. 다음과 같이 모델을 정의합니다.

```
const model = new KerasJS.Model({
  filepaths: {
    model: 'url/path/to/model.json',
    weights: 'url/path/to/model_weights.buf',
    metadata: 'url/path/to/model_metadata.json'
  },
  gpu: true
})
```

미리 학습된 모델을 가지고 있다면 Keras.js는 WebDNN처럼 쉽게 딥러닝 애플리케이션을 개발할 수 있습니다. 아직까지 WebDNN이 Keras.js를 능가하는 것으로 보이지만, Keras와 Keras.js의 오픈소스 커뮤니티는 WebDNN보다 훨씬 활발하며 인기가 높아지고 있습니다. WebDNN과 케라스 두 프레임워크 모두 백엔드 프레임워크에 따라 모델을 학습합니다. 향후 백엔드 프레임워크 모델 스펙이 달라질 수 있으므로 이를 고려해 애플리케이션에 가장 적합한 솔루션을 선택해야 합니다.

3.4 정리

TensorFlow.js 이외에도 몇 가지 웹브라우저를 위한 딥러닝 프레임워크를 소개했습니다. WebDNN은 TensorFlow.js보다 역사가 깊고 웹어셈블리(WebAssembly)와 WebGPU 등 다양한 백엔드를 지원합니다. 그러나 WebDNN은 참고할 수 있는 좋은 리소스가 부족하기 때문에 도입하기에 다소 실험적일 수 있습니다. TensorFlow.js와 유사한 Keras.js는 역사도 깊고 광범위한 모델 타입을 지원하기 때문에 기존 리소스와 쉽게 통합할 수 있습니다. 어느 분야이든지 문제 해결이 가능한 도구에 대해 잘 알고 선택하는 것이 매우 중요합니다. 딥러닝 프레임워크는 아직 젊고 미성숙한 단계이지만, 이번 장을 통해 가장 훌륭한 프레임워크를 선택하는 데 도움이 되었기를 바랍니다. 다음 장에서는 딥러닝을 위한 자바스크립트 기초에 대해 알아보겠습니다.

4

딥러닝을 위한 자바스크립트 기초

자바스크립트는 지난 5년간 먼 길을 달려왔습니다. 오늘날 신경망 학습 및 추론, 그리고 크로스 플랫폼 개발이 가능한 언어는 자바스크립트가 유일합니다. 이번 장에서는 웹브라우저와 Node.js에서 실행되는 딥러닝을 위한 자바스크립트 기본 빌딩 블록을 다룹니다.

첫 번째 절에서는 웹브라우저에서 딥러닝을 효과적으로 처리하기 위해 필요한 자바스크립트 데이터 타입인 형식화 배열(TypedArrays), ArrayBuffer 및 DataView에 대해 알아봅니다. 형식화 배열은 딥러닝에서 이진 데이터 인코딩 및 디코딩뿐만 아니라 모델 파라미터, 합성곱 계산, GPU 메모리로 데이터 전달할 때 필요한 데이터 타입입니다.

다음으로, 자바스크립트 핵심 기능인 자바스크립트 동시성에 대해 배웁니다. 이벤트 루프, 비동기를 위한 Promise 객체와 async/await 메서드, 웹브라우저 멀티스레딩 기능도 알아봅니다. 이어서 CPU 또는 GPU에서 리소스를 로드하기 위한 API도 다룹니다. 그리고 Fetch API로 비동기적으로 데이터를 로드하는 방법을 알아봅니다. 마지막으로, 자바스크립트에서 레이블을 인코딩하는 방법에 대해서도 설명합니다.

마지막으로, 최신 웹브라우저의 그래픽 API에 대해 간략히 설명합니다. 하드웨어 가속 2D 렌더링 및 처리는 Canvas API를 사용하여 제공되며, 하드웨어 가속화 3D 처리는 WebGL API를 통해 제공됩니다.

4.1 자바스크립트 형식화 배열

딥러닝 기본 데이터 구조는 행렬과 벡터입니다. 이전 장에서 다뤘듯이, 가중치 그래디언트는 행렬곱으로 계산합니다. 행렬과 벡터 데이터 구조를 만드는 것이 바로 딥러닝의 시작입니다. 배열을 사용해 행렬 또는 벡터를 표현할 수 있습니다. C나 C++ 언어는 데이터 집합을 배열에 저장하는데, 각 데이터는 원시 메모리 공간에 할당되어 빠른 방식으로 데이터에 액세스할 수 있습니다. 반면, 파이썬은 벡터와 행렬 구조를 numpy의 ndArray로 표현합니다. ndArray는 numpy를 통해 생성되는 n차원의 배열 객체를 표현하는 추상 데이터 구조입니다. 주로 선형대수 연산이 필요한 알고리즘에 사용되며, 유연한 인터페이스를 제공합니다.

자바스크립트 배열은 Array 객체입니다. Array 객체는 배열 요소 추가 및 삭제를 동적으로 할 수 있고, 다양한 메서드를 제공하지만 속도가 느립니다. 자바스크립트 형식화 배열은 C/C++의 원시 배열과 파이썬 ndArray 사이의 중간 정도라 볼 수 있으며, 클래스 명이 아닌 배열 타입을 지칭합니다. 또한, 형식화 배열은 ArrayBuffer가 만든 버퍼를 데이터 저장소로 이용하며, 데이터를 읽고 쓰는 속도가 빠릅니다. 뿐만 아니라 데이터를 복사할 때 오버헤드 없이 안전하게 데이터에 액세스할 수도 있습니다. 그리고 ArrayBuffer 객체 영역 안에 저장되어 저장된 ArrayBuffer 객체를 읽고 쓸 수 있습니다. es2017(ES8)에서 아홉 가지 형식화 배열이 추가되었습니다.

- Int8Array
- Uint8Array
- Uint8ClampedArray
- Int16Array
- Uint16Array
- Int32Array

- Uint32Array
- Float32Array
- Float64Array

접두사 U는 부호 없는 값을 나타냅니다. 예를 들어, Uint8Array는 부호 없는 8bit 정수를 읽거나 쓸 수 있고, 표현할 수 있는 숫자의 범위는 0~255입니다. 형식화 배열은 범위에 속하지 않는 숫자를 입력받으면 그 숫자를 범위 안의 최솟값 또는 최댓값으로 간주합니다. Uint8Array 메서드의 경우 255가 넘는 값은 잘라내 0으로 간주합니다.

```
// 생성자 함수에 배열 길이를 인자로 전달해 형식화 배열을 생성합니다.
// 고정 배열 길이 4byte인 Uint8Array를 생성합니다.
var arr = new Uint8Array(4)
arr[0] = 256
console.log(arr)
// -> Uint8Array [ 0, 0, 0, 0 ]
```

Uint8ClampedArray는 최댓값을 넘는 경우 최댓값으로 고정합니다. 즉, 255가 넘는 값은 최댓값인 255로 간주합니다. 음수를 입력하면 0으로 간주합니다.

```
var arr = new Uint8ClampedArray(4)
arr[0] = 256
arr[1] = -128
console.log(arr)
// -> Uint8ClampedArray [ 255, 0, 0, 0 ]
```

이처럼 형식화 배열은 일반 배열과 같이 [] 연산자를 통해 값을 읽거나 쓸 수 있지만, 실제 데이터는 ArrayBuffer에 저장됩니다.

4.1.1 ArrayBuffer

ArrayBuffer 생성자는 메모리에 고정 길이를 가진 버퍼를 확보합니다. 메모리 내의 영역을 차지하는 역할을 하지만, 버퍼를 조작하는 메서드는 없습니다. ArrayBuffer 스스로 바이트 열의 크기와 바이트 열로부터 반환해야 하는 숫자의 타입을 알지 못합니다. ArrayBuffer는 0과 1로 나열된 묶음입니다. ArrayBuffer는 배열 요소가 어디에 위치하는지 모릅니다. 따라서 숫자 묶음을 적절한 크기로 나누려면 버퍼를 ArrayBuffer 메서드로 감싸고 원하는 형식화 배열을 지정합니다. ArrayBuffer는 기본적으로 메모리 자체인 것처럼 동작합니다. ArrayBuffer는 C 언어와 같이 메모리에 직접 접근하는 방식을 사용합니다. 뷰로 표현된 데이터를 형식화 배열 또는 DataView에 추가하여 버퍼를 조작할 수 있습니다. 이 때문에 형식화 배열을 ArrayBuffer 객체의 뷰라고 말합니다.

```
var buf = new ArrayBuffer(4)
var arr = new Uint8Array(buf)
```

ArrayBuffer는 연속된 이진 데이터이며, 타입 정보가 없기 때문에 형식자 배열 타입을 통해서 이를 조작해야만 합니다.

```
var buf = new ArrayBuffer(4)
var uint8 = new Uint8Array(buf)
var int16 = new Int16Array(buf)

uint8[0] = 1
uint8[1] = 1

console.log(uint8)
// -> Uint8Array [ 1, 1, 0, 0 ]
console.log(int16)
// -> Int16Array [ 257, 0 ]
```

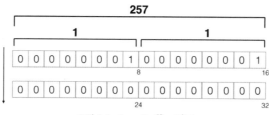

그림 4-1 ArrayBuffer 비트

이 그림은 ArrayBuffer의 내부 비트를 설명합니다. ArrayBuffer의 데이터가 동일하더라도 형식화 배열 타입에 따라 데이터를 제공하는 방식이 다릅니다.

데이터가 변경될 때는 같은 ArrayBuffer를 공유하기 때문에 두 형식화 배열 모두 반영되어 있는지 확인해야 합니다. ArrayBuffer에 저장된 데이터는 형식화 배열을 통해서 복사할 수 없습니다. 형식화 배열과 ArrayBuffer는 중복되는 데이터 복사를 피함으로써 메모리를 효율적으로 관리합니다. 필요 없는 오버헤드를 제거해 웹브라우저에서도 빠르게 데이터를 다룰 수 있게 된 것입니다.

4.1.2 DataView

ArrayBuffer에서 데이터를 읽고 쓸 수 있는 또 다른 방법으로 DataView가 있습니다. Dataview는 특정 엔디안 방식에 신경 쓸 필요 없이 바이너리 ArrayBuffer에서 여러 개의 숫자 형식을 읽고 사용할 수 있는 저수준의 인터페이스를 제공합니다. DataView는 데이터 형식을 관리하지 않기 때문에 액세스할 때마다 어떤 종류의 데이터가 저장되어 있는지 확인해 줘야 합니다.

```
var buf = new ArrayBuffer(4)
var d = new DataView(buf)

// 첫 번째 요소에 부호 없는 8bit 정수를 설정합니다.
d.setInt8(0, 10)

// 첫 번째 요소를 출력합니다.
console.log(d.getInt8(0))
// -> 10
```

컴퓨터에서 어떤 크기의 데이터를 메모리에 저장할 때 바이트 단위로 나누어 저장합니다. 각 메모리 저장 위치에는 색인 또는 주소가 있는데, CPU 아키텍처에 따라 바이트 저장 순서가 달라집니다. 엔디안은 바이트가 저장된 순서를 정의합니다. 하위 바이트부터 기록하는 **리틀-엔디안(little-endian)**과 상위 바이트부터 기록하는 **빅-엔디안(big-endian)** 방식이 대표적입니다. 리틀-엔디안은 영어권에서는 가장 일반적인 순서입니다. 예를 들어, 날짜 표기 방법을 리틀-엔디안으로 하면 일/월/년(31일 12월 2019년)이 되고, 빅-엔디안으로 하면 년/월/일(2019년 12월 31일)이 됩니다.

딥러닝 아키텍처에 대하여 엔디안 표시를 하지 않으면 예기치 않은 바이너리 레이아웃이 표시됩니다. DataView는 엔디안을 지정합니다.

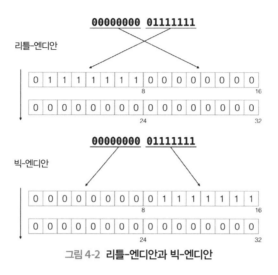

그림 4-2 리틀-엔디안과 빅-엔디안

```
var buf = new ArrayBuffer(4)

// 리틀-엔디안으로 저장합니다.
new DataView(buf).setInt16(0, 127, true)
console.log(new Uint8Array(buf)) // -> Uint8Array [ 127, 0, 0, 0 ]
// 빅-엔디안으로 저장합니다.

new DataView(buf).setInt16(0, 127, false)
console.log(new Uint8Array(buf)) // -> Uint8Array [ 0, 127, 0, 0 ]
```

리틀-엔디안의 경우 2byte 정수를 첫 번째 위치에 저장하고, 빅-엔디안은 비트가 더 작은 위치에 저장합니다. 엔디안을 지정하지 않으면 DataView는 빅-엔디안 방식으로 데이터를 저장합니다.

리틀-엔디안, 빅-엔디안은 학습 데이터 세트, 중간 결과 및 최종 출력을 위해 데이터를 유지하는 기본 구성 요소입니다. 이제 WebGL을 사용하여 GPU에서 데이터를 조작할 차례입니다. 4.3절에서는 ArrayBuffer를 통해 메모리 또는 GPU 버퍼로 데이터를 로드하는 방법을 소개하겠습니다.

4.2 자바스크립트 동시성

자바스크립트는 단일 스레드 언어로, 위에서 아래로 순차적으로 함수를 해석하며 실행됩니다. 웹브라우저에서 자바스크립트로 매우 복잡한 이미지 프로세싱 작업을 한다고 가정해 봅시다. 해당 함수가 실행되는 동안 메인 스레드를 차단해 다른 코드를 실행하지 못하고 UI도 멈추게 되는 대기 상태가 됩니다. 사용자 인터페이스 역시 차단될 수 있습니다. 이렇듯 동기적 프로그래밍은 사용자 경험을 헤치게 됩니다. 따라서 특정 함수 실행이 끝날 때까지 기다리지 않고 나머지 코드를 먼저 실행하는 비동기 처리가 필요합니다. 단일 스레드에서 실행되지만 메인 스레드를 차단하지 않는 방법입니다. 그러나 비동기 프로그래밍은 프로그래밍 성능과 응답성을 높이는 데 도움을 주지만, 코드 실행 순서가 뒤죽박죽되므로 코드 가독성과 디버깅이 어렵습니다. 이런 문제를 해결하기 위해 비동기 프로그래밍이 도입되었습니다. 자바스크립트는 콜백, Promise, 비동기 함수(async function)를 사용해 비동기를 처리합니다. 코드의 일부를 실행하고 나중에 실행될 콜백 함수를 스택에 넣는 것을 말합니다. 비동기 함수는 딥러닝 모델을 다루기 위해서도 정말 중요한 개념이니 꼭 알아두길 바랍니다.

4.2.1 자바스크립트 이벤트 루프

자바스크립트는 이벤트 기반(event-driven) 시스템으로, 이벤트가 발생하면 이벤트 리스너에 등록된 콜백 함수를 호출합니다. 이벤트가 없거나 이미 처리되면 다음 이벤트가 발생할 때까지 기다립니다. 이벤트 기반 시스템에는 **이벤트 루프(event loop)**라는 개념이 있습니다. 이벤트가 동시에 발생했을 때 어떤 순서로 콜백 함수를 호출할지 판단하고, 애플리케이션이 종료될 때까지 이벤트 처리를 위한 작업을 반복하기 때문에 이벤트 루프라고 불립니다.

자바스크립트 런타임(웹 자원에 접근하기 위한 클라이언트 사이드 계층 구조를 말합니다)에는 **스택(Stack)**, **힙(Heap)**, **큐(Queue)**라는 세 가지 기본 구성 요소가 있습니다. 스택(또는 콜 스택, Call Stack)은 함수 호출을 기록하는 자료 구조로서 힙, 큐와 함께 구성되며, 스택은 지역 변수와 스택 프레임(콜 스택의 각 항목)을 관리하는 곳입니다. 콜 스택은 코드를 실행하기 전에는 비어 있습니다. 자바스크립트는 맨 위부터 한 줄씩 코드를 읽고 실행하면서 함수 호출 부분을 발견하면 해당 함수를 스택의 맨 위에 추가합니다. 함수가 반환되면 스택에 쌓여 있던 해당 함수가 제거됩니다.

모든 변수와 개체의 메모리는 힙 내부에 할당됩니다. 자바스크립트 가비지 컬렉터는 힙 안에 사용되지 않은 객체를 완벽히 삭제하는 역할을 합니다. 큐(또는 메시지 큐, 이벤트 큐)는 앞으로 실행될 콜백 함수가 대기하고 있는 곳입니다. DOM 이벤트, http 요청, setTimeout() 등과 같은 웹 API는 콜백 함수를 큐에 밀어 넣습니다. 그러면 큐는 대기하다 스택 실행이 끝나 비워지면 이벤트 루프를 실행합니다. 이벤트 루프는 큐에서 해당 콜백 함수를 꺼내 와 호출 스택으로 밀어 올립니다.

다음의 가상 코드를 보면 왜 이벤트 루프라는 이름을 붙였는지 이해할 수 있을 것입니다.

```
while (queue.waitForMessage()) {
  queue.processNextMessage()
}
```

자바스크립트 성능은 콜 스택 안에 있는 함수와 밀접한 관련이 있습니다. 수천, 수백만의 반복문이 실행된다면 여전히 스택에 남아 있기 때문에 애플리케이션 속도가 매우 느려집니다. 해당 함수가 실행되는 동안 다른 작업을 차단하기 때문에 **블로킹(blocking)** 방식이라고 합니다. 따라서 오래 걸리는 함수를 백그라운드로 보내서 다음 코드가 먼저 실행되게 하고, 해당 함수가 큐를 거쳐 스택으로 밀어내는 방식이 필요합니다. 이를 **논블로킹(non-blocking)** 방식이라고 합니다. 파일 읽고 쓰기, 네트워크 통신, DOM 이벤트, 일정 시간 후 동작 등을 해야 하는 작업에 논블로킹 방식이 필요합니다.

이벤트 루프의 어떤 시점에서 자바스크립트 런타임은 대기열에서 가장 오래된 메시지를 처리합니다. 따라서 콜백 함수는 비동기적으로 호출됩니다. 이벤트 루프는 큐에서 메시지를 처리할 시기를 결정합니다. 이벤트 루프는 메시지 대기열을 주기적으로 확인하고 적절한 시기에 가장 오래된 이벤트를 처리합니다.

이벤트 루프를 사용하면 마우스 클릭이나 스크롤과 같이 사용자와 효율적으로 상호 소통하는 대화형 프로그램을 작성할 수 있습니다. 하지만 많은 메시지 요청을 동시에 처리하는 경우 브라우저가 사용자의 요청을 처리할 수 없게 됩니다. 따라서 사용자 상호 작용을 차단하지 않도록 웹워커를 사용하는 것이 좋습니다. 4.2.5절에서 웹워커를 다룹니다.

setTimeout() 메서드에 이미 익숙한 분도 있을 것입니다. 이것은 실제로 런타임 큐에 메시지를 추가하는 API입니다. setTimeout()은 두 개의 인수를 취합니다. 하나는 콜백 함수이고, 다른 하나는 메시지가 처리된 후 최소 지연을 나타내는 시간 값입니다.

```
setTimeout(() => {
  console.log("2초 후에 호출됩니다.")
}, 2000)
```

2초 후에 다른 메시지가 처리되면 이벤트 루프는 콜백 함수를 호출할 수 없으며, 더 지연될 수 있습니다. 이것이 두 번째 인수가 메시지를 처리하기 위한 최소 지연인 이유입니다.

이벤트 루프는 주로 IO와 사용자 상호 작용을 효율적으로 처리하도록 설계되었습니다. 기본적으로 비동기 또는 동기 방식으로 데이터를 가져올 때 XMLHttpRequest()를 처리하는 동안 주 스레드를 차단하지 않습니다. Promise() 및 async()로 제공되는 비동기 함수는 이벤트 루프에 의해 처리됩니다.

4.2.2 Promise 비동기 함수

Promise는 비동기 함수 로직을 처리한 이후의 완료 또는 실패와 그 결괏값을 얻기 위한 함수입니다. 콜백 함수로 비동기 함수를 작성하는 것이 일반적입니다.

```
function asyncFunc1(cb) {
  cb("안녕, 콜백")
}

asyncFunc1(v => {
  console.log(v)
})
// -> "안녕, 콜백"
```

다음과 같이 콜백 함수가 중첩되면 코드 가독성이 떨어집니다.

```
function asyncFunc1(name, cb) {
  cb(name)
}

// 콜백 헬입니다!
asyncFunc1("콜백1", v1 => {
  asyncFunc1(`${v1} 그리고 콜백2`, v2 => {
    asyncFunc1(`${v2} 그리고 콜백3`, v3 => {
      console.log(v3)
    })
  })
})
// -> 콜백1 그리고 콜백2 그리고 콜백3
```

Promise를 사용해 코드를 수정해 봅시다.

```
function promiseFunc(name) {
  return new Promise((resolve, reject) => {
    resolve(`${name}`)
  })
}

promiseFunc("Promise1")
  .then(v1 => {
    return promiseFunc(`Promise2 그리고 ${v1}`)
  })
  .then(v2 => {
    return promiseFunc(`Promise3 그리고 ${v2}`)
  })
  .then(v3 => {
    console.log(v3)
  })
// -> Promise1 그리고 Promise2 그리고 Promise3
```

코드가 함수 수에 비례해 더 깊어지지 않지만, Promise 객체 생성과 같은 중복 코드를 작성해야 합니다. 동기적 방식의 코드와 다릅니다. Async/await는 Promise로 만들어진 비동기 함수로, 비동기 코드를 작성하는 새로운 방법입니다.

4.2.3 async/await 비동기 함수

async, await는 ES8(ECMAScript2017)로서 최근에 정의된 비동기 문법입니다. 일반 함수 앞에 async 키워드를 사용하면 Promise 객체를 가진 함수가 됩니다.

```javascript
// name 객체를 사용하여 결과를 확인한 후 Promise 객체를 반환합니다.
async function asyncFunc(name) {
  return name
}

asyncFunc("Async1")
  .then(v1 => {
    return asyncFunc(`Async2 그리고 ${v1}`)
  })
  .then(v2 => {
    return asyncFunc(`Async3 그리고 ${v2}`)
  })
  .then(ret => {
    console.log(ret)
  })
```

Promise 객체 생성은 명시적으로 생략할 수 있지만, 매번 메서드 체인을 사용해야 합니다. 로직을 추적하기 힘들고 코드 길이도 길어집니다. await 키워드를 사용해 async 함수 반환을 기다리는 함수를 만들어 봅시다. async 함수에서 바로 결과를 빼낼 수 있습니다.

```javascript
async function asyncFunc(name) {
  return name
}

async function asyncCall() {
  try {
    let name1 = await asyncFunc("Async1")
    let name2 = await asyncFunc("Async2")
    // let error = await throwError()
    let name3 = await asyncFunc("Async3")
    let msg = `${name1} 그리고 ${name2} 그리고 ${name3}`
    return msg
  } catch (err) {
    throw err
```

```
  }
}

asyncCall().then(msg => {
  console.log(msg)
  // -> Async1 그리고 Async2 그리고 Async3
})
```

이제 코드가 깔끔하고 간결해졌습니다. 로직도 동기적 방법과 비슷해 보입니다. 그러나 await는 오직 비동기 함수에서만 사용할 수 있습니다. 따라서 다음 코드는 잘못된 예제입니다.

```
// async 함수가 아닌 곳에 await 키워드를 사용할 수 없습니다.
function normalFunc() {
    let ret = await asyncFunc('Invalid')
}
```

async/await 구문은 코드를 간결하게 만들어 주면서 에러 처리도 수월합니다. 프로세스를 중단하거나 에러 메시지를 전달하고 싶을 때 예외 또는 에러 객체를 사용하면 됩니다.

```
async function throwError() {
  throw new Error("에러가 발생했습니다.")
}

async function asyncCall() {
  let name1 = await asyncFunc("Async1")
  let name2 = await asyncFunc("Async2")
  let error = await throwError()
  let name3 = await asyncFunc("Async3")
  let msg = `${name1} 그리고 ${name2} 그리고 ${name3}`
  return msg
}

asyncCall()
  .then(msg => {
    // 에러가 없으면 메시지를 정상적으로 출력합니다.
    console.log(msg)
  })
```

```
// Promise의 catch 메서드를 사용해 오류를 잡을 수 있습니다.
.catch(err => {
  console.log(`에러가 발생했습니다.: ${err.message}`)
})
```

비동기 메서드의 여러 호출이 즉시 중지되고 예외가 발생했습니다. 웹브라우저에서 무거운 계산이 필요할 경우, async/await 비동기 메서드를 사용하는 것이 가장 좋습니다. 딥러닝 프레임워크를 사용해 데이터를 다루는 경우도 마찬가지입니다.

4.2.4 웹워커를 사용한 멀티스레딩

async/await 비동기 메서드 스레드 위에서 실행되지 않지만, 자바스크립트 런타임 이벤트 루프 내 후크(hook)에서 처리됩니다. 이론적으로 병렬적으로 실행되지 않습니다. 논블로킹 API를 위한 추상화를 제공합니다.

웹워커(WebWorkers) API는 별도 스레드에서 특정 작업을 동시에 실행할 수 있습니다. 주 스레드가 실행 중일 때 웹워커는 다른 전역 콘텍스트에서 실행됩니다. 웹워커 내 전역 콘텍스트는 오류를 발생시킬 수 있기 때문에 postMessage() 메서드를 통해 데이터를 전송합니다. 어느 객체 유형이든지 메서드를 통해 전달할 수 있습니다. 수신자(리시버, receiver)에서 작업자 또는 클라이언트로부터 메시지를 승인하는 메시지 함수를 구현해야 합니다. 다음 예제를 봅시다.

```html
<html>
  <head>
    <script type="text/javascript">
      let w = new Worker("worker.js")
      w.postMessage("클라이언트에서 메시지를 보냅니다.")
      w.onmessage = e => console.log(e.data)
    </script>
  </head>
</html>
```

클라이언트에서 웹워커로부터 메시지를 받은 후 결괏값을 출력합니다. worker.js는 웹워커에서 실행되는 스크립트 파일명입니다.

```
let i = 0
setInterval(() => {
  postMessage(`웹워커입니다. 메시지를 ${i++}번 보내고 있습니다.`)
}, 1000)

onmessage = msg => {
  console.log(`클라이언트에서 받은 메시지입니다.: ${msg.data}`)
}
```

콘솔에 다음과 같은 메시지가 출력됩니다.

```
클라이언트에서 받은 메시지입니다.: 클라이언트에서 메시지를 보냅니다.
worker.html:7 웹워커입니다. 메시지를 0번 보내고 있습니다.
worker.html:7 웹워커입니다. 메시지를 1번 보내고 있습니다.
worker.html:7 웹워커입니다. 메시지를 2번 보내고 있습니다.
worker.html:7 웹워커입니다. 메시지를 3번 보내고 있습니다.
```

단순히 문자 메시지를 반환했지만, 원격 소스 데이터를 웹워커에서 다운받는 등 부담 되는 작업도 할 수 있습니다. XMLHttpRequest() 메서드 역시 웹워커에서 사용할 수 있습니다. 데이터 원본의 출처가 동일하다면 데이터를 비동기적으로 로드할 수 있습니다. 메인 스레드가 아닌 별도의 스레드에서 실행되기 때문에 사용자 경험을 차단하지 않습니다.

웹워커 네임스페이스는 DedicatedWorkerGlobalScope, SharedWorkerGlocalScope, ServiceWorkerGlobalScope, 이렇게 세 종류로 나뉩니다. 이전 코드 예제는 단일 스크립트에서 사용되는 DedicatedWorkerGlobalScope에 해당됩니다. 앞에서 언급했듯이, 웹워커는 웹브라우저 메인 스레드의 전역 콘텍스트에 액세스할 수 없습니다. 웹워커는 DOM 객체를 직접 조작할 수 없기 때문에 메인 스레드와 서로 메시지를 주고받아 통신합니다. 웹워커는 내부에서 WorkerGlobalScope 콘텍스트로 실행됩니다. 웹워커는 새로운 스코프를 형성하기 때문에 self 키워드로 자기 자신과 연결합니다. WorkerGlobalScope를 통해서만 console 및 navigation과 같은 전역 객체를 액세스할 수 있습니다. 위 예제에서 console.log()로 메시지를 출력할 수 있었던 것도 이 때문입니다. 목적에 맞는 특정 웹워커를 선택하는 것이 중요합니다.

4.2.5 딥러닝 애플리케이션을 위한 프로세싱 반복 처리

인터랙티브한 딥러닝 웹 애플리케이션은 계속해서 특정 결과를 반환해야 합니다. 딥러닝 모델은 주어진 입력을 차례대로 예측합니다. 예를 들어, 웹 카메라를 사용하는 물체 감지 웹 애플리케이션이 있다고 해봅시다. 웹 카메라는 딥러닝 모델에 입력 이미지를 계속해서 전달합니다. 웹 애플리케이션은 딥러닝을 통해 검출된 프레임을 하나씩 렌더링시킬 것입니다. 이처럼 애플리케이션은 예측과 렌더링 작업을 계속해서 실행합니다.

requestAnimationFrame() 메서드는 웹브라우저에 특정 함수를 호출해 프레임을 렌더링하도록 요청합니다. 이 메서드에 콜백 함수를 전달할 수 있습니다. 웹브라우저는 콜백 함수를 초당 약 60회 호출합니다. 일반적으로 W3C 권고에 따라 대부분의 웹브라우저는 콜백의 수가 디스플레이 주사율(refresh rate)과 일치합니다.

requestAnimationFrame()은 콜백 함수보다 while 구문과 함께 사용하는 것이 더 효율적입니다. 많은 웹브라우저가 백그라운드 탭이나 숨겨진 <iframe>에서 실행될 때 성능과 배터리 수명 향상을 위해 멈추거나 새로고침하기 때문입니다. 딥러닝이나 그래픽을 사용하는 웹 애플리케이션이면 requestAnimationFrame() 메서드를 꼭 사용하길 바랍니다.

```
async function step(timestamp) {

    // 이곳에서 작업을 수행합니다.

    window.requestAnimationFrame(step)
}
window.requestAnimationFrame(step)
```

4.3 CPU/GPU에서 리소스 로드하기

이전 절에서 살펴봤듯이, 웹브라우저에서 데이터는 TypedArray와 ArrayBuffer로 표현해야 합니다. CPU에서는 더 간단합니다. ArrayBuffer는 웹브라우저 프로세스에서 사용하는 메모리 공간에 할당됩니다. 웹브라우저 프로세스 및 자바스크립트 런타임이 관리하기 때문에 메모리 관리를 신경 쓰지 않아도 됩니다.

그러나 GPU 버퍼에서는 성능과 직결되기 때문에 데이터를 신중하게 다뤄야 합니다. GPU는 계산할 데이터를 저장할 자체 메모리를 가지고 있습니다. GPU 코드는 주 메모리 내의 데이터에 액세스할 수 없으므로 GPU 계산이 시작되기 전에 수동으로 GPU 버퍼 공간에 데이터를 복사해야 합니다. 그림 4-3은 GPU 연결 아키텍처입니다. PCI Express는 CPU와 GPU를 연결하는 일반 버스입니다. CPU는 이 버스를 통해 명령과 데이터를 GPU로 보냅니다. WebGL 메서드로 CPU와 GPU 간의 데이터 로딩을 더욱 쉽게 만듭니다. 버스의 대역폭 제한이 있어 효율적으로 데이터를 복사해야 합니다. 다음 절에서 자세히 설명하겠습니다.

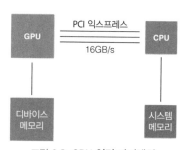

그림 4-3 **GPU 연결 아키텍처**

4.3.1 Fetch API

이전 장에서 말했듯이, 데이터는 JSON, CSV 또는 이진 형식 등 다양합니다. 효과적인 방법으로 CPU에 데이터를 로드하는 것이 매우 중요합니다. Fetch API를 사용하면 간단하게 리소스를 로드할 수 있습니다. Fetch API는 웹 또는 로컬 시스템에서 리소스를 로드하는 추상화 메서드입니다. XMLHttpRequest()와 비슷하지만, Fetch API는 HTTP 요청의 응답에 액세스할 때 더 간단하고 유연하며 Promise를 반환합니다. 전역 콘텍스트에서 fetch() 메서드를 호출할 수 있습니다.

```
fetch("data.csv")
```

Fetch API는 Promise 객체를 반환합니다. 반환된 Promise 객체는 Response 객체로 확인할 수 있습니다. Response 객체는 다양한 형식으로 값을 가져올 수 있는 여러 메서드가 있습니다. 예를 들어, text() 메서드를 사용해 텍스트 형식으로 데이터를 가져올 수 있습니다.

```
fetch("data.csv")
  .then(response => response.text())
  .then(text => console.log(text))
  .catch(err => console.log(err))
```

text() 외에도 머신러닝에 사용되는 데이터 형식을 arrayBuffer(), blob() 및 json() 메서드로 읽을 수 있습니다. 오류 처리는 직접 해 줘야 합니다. Fetch API가 404 상태 코드와 같은 예외를 항상 처리하지 않기 때문에 Response 객체의 상태를 확인해야 합니다. Response 객체의 ok 속성으로 확인할 수 있습니다.

```
fetch("data.csv")
  .then(response => {
    if (response.ok) {
      return response.text()
    } else {
      throw new Error()
    }
  })
  .then(text => console.log(text))
```

Response.ok는 상태 코드가 200에서 299 사이일 때 true를 반환합니다. 리소스가 제대로 로드되었는지 체크하려면 Response 객체의 속성값을 확인해야 합니다.

Fetch API의 두 번째 인수를 지정하면 세분화된 방식으로 요청을 사용자 정의할 수 있습니다.

```
fetch("data.csv", {
  method: "GET",
  mode: "same-origin"
})
```

Fetch API는 Promise와 async 메서드와 API와 함께 원활하게 사용할 수 있는 특정 리소스에 액세스하는 일반적인 방법을 제공합니다. Fetch API가 강력하기 때문에 API를 사용하여 딥러닝 모델에 사용되는 많은 리소스 또는 데이터를 웹브라우저에 로드하는 것이 합리적입니다.

이제 레이블과 데이터 세트를 ArrayBuffer와 연결하는 방법을 소개합니다. 이전 장에서 설명한 것처럼 딥러닝 모델은 레이블 데이터를 예측 대상 변수로 요구합니다. 데이터 세트는 데이터 요소의 기능을 나타내는 고정 길이 벡터로 표시됩니다. 심층적인 학습 모델은 주어진 벡터 특성으로 올바른 레이블을 예측하도록 훈련됩니다. 데이터 포인트는 문자열, 부동소수점 수, 정수, 날짜-시간 등과 같은 다양한 종류의 기능을 가질 수 있습니다. 그러나 딥러닝 모델은 수치 특성 데이터 포인트만 처리할 수 있습니다. ArrayBuffer는 정수, 부동소수점 수 또는 부울과 같은 숫자 데이터만 유지할 수도 있습니다(부울값은 0 또는 1의 이진수로 나타낼 수 있음). 다른 유형은 이러한 유형 중 하나로 변환되어야 합니다.

4.3.2 레이블 인코딩

딥러닝 모델과 학습 데이터를 다룰 때 인코딩은 반드시 배워야 하는 데이터 표현 방법입니다. 머신러닝과 딥러닝 알고리즘은 숫자형 데이터만 이해할 수 있기 때문에 기계가 이해할 수 있는 형태로 데이터를 변환해 주어야 합니다. 범주형 데이터의 경우, 레이블 인코딩(label encoding) 또는 원-핫 인코딩(one-hot Encoding) 형태로 변환하는 기본적인 표현 방법입니다. 인코딩이 끝나면 학습 데이터 세트와 테스트 세트로 완전히 구분한 다음, 학습과 동시에 테스트를 병행하며 진행하는 것이 일반적입니다.

레이블 인코딩은 각 클래스(또는 카테고리)를 다른 정숫값으로 매핑하는 방법입니다. 일반적으로 0~총 클래스 수 사이의 레이블 값을 인코딩합니다. 파이썬 사이킷런은 LabelEncoder를 제공하고 있습니다.

```
// 원 레이블
var labels = ["Cat", "Dog", "Monkey", "Cat"]
```

```
// 레이블 인코딩 적용 후
var encoded = [0, 1, 2, 0]
```

레이블 인코딩은 카테고리 길이 값이 동일한 경우만 사용할 수 있습니다. 예를 들면, 옷 크기가 S, M, L, XL일 경우이지요. 위 예제를 보면 'Cat' 요소의 개수는 2이지만, 'Monkey'는 1입니다. 그러나 'Dog'와 'Monkey' 둘 사이에 연관성이 없기 때문에 해당 값을 1.5로 고치는 것은 아무런 의미가 없습니다.

4.3.3 원-핫 인코딩

원-핫 인코딩(one hot encoding)은 One-of-K 스키마를 사용해 범주형 데이터를 원-핫 벡터로 표현합니다. 텍스트 데이터를 만들 때 단어 토큰을 벡터로 변환하기 위해 보편적으로 사용됩니다. One-of-K 인코딩은 각 카테고리를 표현하는 이진 벡터를 생성하는데, 표현하고자 하는 단어의 인덱스의 값만 1이고, 나머지 인덱스는 전부 0으로 표현합니다. 파이썬 사이킷런은 숫자로 된 범주형 값을 원-핫 벡터로 바꿔주는 OneHotEncoder를 제공합니다. 이외에 CategoricalEncoder를 사용하면 텍스트 카테고리를 숫자로, 숫자 카테고리를 원-핫 벡터로 한 번에 바꿀 수 있습니다.

```
// 원 레이블
var labels = ["Cat", "Dog", "Monkey", "Cat"]

// 원-핫 인코딩 적용 후
var encoded = [[1, 0, 0], [0, 1, 0], [0, 0, 1], [1, 0, 0]]
```

원-핫 인코딩은 레이블 간에 순서를 무시하고 각 인코딩 값을 고윳값으로 간주합니다. 원-핫 벡터들은 전체 요소 중 딱 하나의 요소만 1이고 나머지는 모두 0인 희소 벡터(sparse vector) 형태를 띱니다. 이 경우 벡터 내적은 0으로 직교를 이루게 됩니다. 단어 간 존재하는 유의어, 반의어와 같은 특정한 관계나 의미를 전혀 담지 못한 채 서로 독립적으로만 존재하게 됩니다. 수천 개의 레이블이 있다 해도 벡터의 한 비트만 가집니다. 이렇듯 하나의 단어를 표현하기 위해서 그 수만큼 차원을 가지게 되며, 계산 복잡성이 기하급수적으로 늘어나는 문제가 생깁니다. 따라서 희소 벡터로 표현할 때 원-핫 인코딩을 사용하는 것이 좋습니다.

이전 절에서 설명했듯이, 모든 값을 숫자로 변경한 이후에 ArrayBuffer에 효율적으로 데이터를 저장할 수 있습니다. 딥러닝 모델에서는 Float32Array가 제일 많이 사용됩니다. Float64Array은 정확도가 높아지지만 더 큰 메모리 공간이 필요합니다. 대부분의 경우 Float32Array만으로도 충분합니다.

```
var data = new Float32Array([0.1, 0.3, -0.2])
```

ArrayBuffer를 GPU 버퍼에 복사해 병렬 처리 방식으로 대량 계산을 가속화할 수 있습니다. 병렬 처리 방식으로 계산을 가속화하려면 ArrayBuffer를 GPU 버퍼에 복사해야 합니다. 데이터는 텍스처가 되어 프래그먼트 셰이더에(fragment shader)에 탑재됩니다. 이 부분은 다음 장에서 자세히 설명하겠습니다.

4.4 정리

수천 개의 레이블이 있더라도 벡터의 한 비트만 1입니다. 이전 절에서 설명한 대로 모든 값이 숫자 유형이 된 후에 ArrayBuffer에 효율적으로 데이터를 저장할 수 있습니다. Float32Array는 일반적으로 딥러닝 모델에서 사용됩니다. Float64Array는 데이터를 더욱 정확하게 유지할 수 있지만 더 큰 메모리 공간이 필요합니다. 대부분의 경우 Float32Array를 사용하면 충분합니다.

이번 장에서는 웹브라우저에서 딥러닝을 실행하기 위한 기본 구성 요소를 살펴봤습니다. 최신 자바스크립트로 구현된 고급 데이터 구조와 API를 사용했습니다. TypedArray 및 ArrayBuffer로 브라우저 내 로드된 데이터에 접근할 수 있습니다. 먼저, 기본 데이터 구조가 어떻게 작동하는지 이해하는 것이 중요합니다. 최신 웹브라우저는 멀티스레딩[1] 프로그래밍을 지원하는 다양한 종류의 API를 제공합니다. 웹워커(WebWorker)를 사용하면 메인 스레드를 차단하지 않고도 무거운 작업을 실행할 수 있습니다. 웹워커

---

1 (옮긴이) 프로세스 내에서 실행되는 흐름 단위를 말합니다. 일반적으로 한 프로그램은 단일 스레드를 가지고 있지만, 프로그램 환경에 따라 둘 이상의 스레드를 동시에 실행할 수 있습니다. 이러한 실행 방식을 멀티스레딩이라고 합니다.

API를 사용해 계산 리소스가 필요한 전처리와 모델 교육에 사용할 수 있습니다. Fetch API는 효율적인 방식으로 일반적인 API입니다. API를 사용하면 코드가 일관되고 읽기 쉽습니다. 이 기본 지식을 잘 이해하면 코드베이스의 성능과 가독성 측면에서 모델을 효율적이고 경쟁력 있게 만들 수 있습니다.

다음 장에서는 GPU의 셰이더 파이프라인에 대한 브라우저 액세스를 제공하는 API인 WebGL을 살펴보겠습니다. GPU 셰이더 프로그램에서 딥러닝 작업을 매핑하는 방법에 대해 배울 것입니다. 또한, WebGL을 사용하여 신경망을 구현하는 방법을 알아볼 것입니다. 비동기 함수를 사용하면 메인 스레드를 차단하지 않고도 마치 동기 함수인 것처럼 코드를 작성할 수 있습니다.

5

WebGL을 이용한 GPU 가속화

자바스크립트 코드는 중앙 처리 장치(CPU)에서 실행됩니다. CPU는 속도가 빠르며 복잡한 작업을 수행할 수 있지만, 항상 순차적으로 처리되므로 병목 현상이 커집니다. 이때 웹워커를 사용하면 무거운 계산을 별도의 스레드에서 실행할 수 있어서 CPU에 영향을 주지 않아 애플리케이션의 성능이 향상될 수 있습니다. 하지만 자바스크립트는 인터프리티드 언어이므로 C나 C++와 같은 컴파일 언어만큼 최적화되지 않았다는 문제가 있습니다.

GPU는 딥러닝 연산에 뛰어납니다. 최신 GPU는 모바일 장치에서도 수백 개의 연산을 빠르게 처리할 수 있습니다. 병렬 작업이 가능하며, 일반적으로 픽셀 색상을 계산할 수 있습니다. 다행히 딥러닝 연산은 신경층의 각 유닛이 같은 층의 다른 유닛과 독립적이기 때문에 병렬 처리가 가능합니다.

실시간으로 비디오 스트림을 처리하는 딥러닝 애플리케이션이라면 WebGL 구현이 필수적입니다. 딥러닝은 이미지의 고차원 입력 벡터로 표현된 비디오의 각 프레임을 처리해야 하는데, 이는 CPU에게 매우 부담을 주는 작업입니다. 이 경우 <video> 요소를 WebGL 텍스처로 변환하는 것이 훨씬 쉽고 효율적입니다. (GPU 메모리에 저장합니다.)

WebGL 덕분에 더 이상 웹 콘텐츠에서 OpenGL ES 기반의 API나 플러그인 사용이 필요 없게 되었습니다. HTML 캔퍼스로 2D 및 3D 렌더링이 가능하기 때문입니다. 현재 웹브라우저의 딥러닝 학습 속도를 높이기 위해서는 그래픽 처리 장치(GPU)를 사용하며, 저수준의 대규모 병렬 처리 기능을 사용하는 방법뿐입니다. WebGL을 사용하면 GPU의 기능을 100% 사용할 수 있습니다. GPU 명령어(drawcalls)는 WebGL 또는 네이티브 애플리케이션 모두 같습니다.

이번 장에서는 먼저 WebGL을 이용해 색상 그래디언트로 채워진 쿼드(quad)를 형성하는 두 개의 삼각형을 그리는 방법을 배웁니다. 단 몇 줄의 그래픽 코드만으로 아름다운 망델브로(Mandelbrot) 프랙탈로 변형시켜 볼 것입니다. 예제를 통해 WebGL의 기능과 연산이 실행되는 위치를 이해할 수 있을 것입니다. 이후 라이프 게임[1]을 GPU 시뮬레이션으로 구현해 봅니다. 열 확산 데모를 통해 이산 시뮬레이션에서 연속 시뮬레이션으로 이동하는 정밀도 및 최적화 문제를 해결합니다. 이 두 가지 예제를 통해 WebGL 프로그램의 효율성을 이해하고 WebGL 프로그래밍 모델을 이해할 수 있을 것입니다.

이 장의 후반부에서는 일반적인 행렬 연산을 위한 특정 셰이더[2]를 설명하고 구현하는 방법을 배웁니다. 합성곱, 풀링, 활성화에 필요한 빠른 행렬 연산 처리는 딥러닝 프레임워크에서 매우 중요합니다. GPGPU 선형대수 라이브러리인 WGLMatrix와 MNIST 데이터 세트를 사용해 이미지 분류 애플리케이션을 만들어 볼 것입니다. 마지막으로, 파이썬 넘파이와 CPU로 구현하는 것보다 성능이 5배 빠른 최적화 스크립트를 만들어 볼 것입니다.

WebGL 딥러닝은 실시간으로 비디오 스트림을 처리하기에 충분히 빠릅니다. 그림 5-1은 사용자의 웹캠을 사용한 가상 선글라스 착용 애플리케이션입니다. 합성곱 신경망으로 얼굴, 방향, 회전 및 조명을 탐지하여 이 정보를 토대로 안경 3D 모델을 그리게 됩니다.

---

1 (옮긴이) 라이프 게임(Game of Life) 또는 생명 게임은 영국의 수학자 존 호턴 콘웨이(John Horton Conway)가 고안해 낸 세포 자동자의 일종으로, 가장 널리 알려진 세포 자동자 가운데 하나입니다. https://ko.wikipedia.org/wiki/라이프게임

2 (옮긴이) 컴퓨터 그래픽스 분야에서 셰이더(shader)는 소프트웨어 명령의 집합으로, 주로 그래픽 하드웨어의 렌더링 효과를 계산하는 데 쓰입니다. 이미지의 색조, 채도, 밝기, 대비를 변경하거나 블러, 왜곡, 크로마 키, 테두리 검출, 모션 감지, 사이케델리아 등 다양한 효과를 낼 수 있습니다.

그림 5-1 웹캠을 사용한 가상 선글라스 착용 애플리케이션
출처: Jeeliz Sunglasses, jeeliz.com/sunglasses

5.1 WebGL 기초

WebGL은 3D 라이브러리가 아닙니다. 3D 렌더링 알고리즘 구현을 위한 도구가 있지만, 이동 및 투영 행렬(projection matrix)을 사용한다면 프로젝션 전체를 일반 행렬 연산으로 개발해야 합니다. WebGL은 벡터 객체를 개별 픽셀값으로 변환하는 래스터화(rasterization)[3] 라이브러리입니다.

그림 5-2 벡터화 이미지 – 레즈스터화 이미지

그림 5-2의 왼쪽 그림은 벡터화한 고양이 그림, 오른쪽 그림은 픽셀로 표현된 레지스터화한 고양이 그림입니다. 먼저, 왼쪽 그림의 각 점은 원점에서 위치를 인코딩한 벡터값을 가집니다. 이러한 이미지는 사이즈를 무한대로 확장할 수 있습니다.

3 　(옮긴이) 래스터화(rasterization)는 화면 좌표로 변환된 프리미트(점, 선 및 삼각형)를 프래그먼트로 변환하는 프로세스입니다.

앞에서 언급했듯이, WebGL은 렌더링 파이프라인(rendering pipeline)[4]을 활용해 병렬 코드를 실행할 수 있습니다. 그러나 CUDA[5]와 OpenCL[6]과 달리 WebGL은 병렬 프로그래밍 표준이 아닙니다. 따라서 GPU 아키텍처의 이점을 얻으려면 관련된 모든 작업을 WebGL 렌더링 파이프라인으로 변환해야 합니다. 이번 장에서 배운 내용을 토대로 앞으로 렌더링 파이프라인, 셰이더, GLSL 개념에 관심을 두고 공부해 보길 바랍니다.

WebGL 표준 관리는 크로노스 그룹(Khronos Group)에서 하고 있으며, 사양은 크로노스 홈페이지(https://www.khronos.org/registry/webgl/specs)에서 확인할 수 있습니다. WebGL 출력은 <canvas> 엘리먼트에서 이뤄집니다. WebGL을 위해서 제일 먼저 해야 할 일은 웹페이지 HTML 코드에 <canvas> 엘리먼트를 삽입하는 것입니다.

```
<body>
  <canvas id="myWebGLCanvas" height="512" width="512"></canvas>
</body>
```

페이지가 로드된 후에는 자바스크립트의 DOM으로부터 canvas를 가져와 WebGL context GL을 생성합니다. 다음과 같이 사용자 환경이 WebGL을 지원하는지 확인할 수 있습니다.

```
var myCanvas = document.getElementById("myWebGLCanvas")
var GL
try {
  GL = myCanvas.getContext("webgl", { antialias: false, depth: false })
} catch (e) {
  alert("WebGL 콘텍스트를 시작할 수 없습니다.")
}
```

3D 렌더링이 아닌 WebGL을 사용하기 때문에 안티-앨리어싱(Anti-Aliasing, AA)[7] 깊이

---

4 (옮긴이) 파이프라인은 입력 데이터가 흘러가는 일련의 고정된 스테이지를 말합니다. 각 스테이지는 들어오는 데이터를 처리하고 다음 스테이지로 넘깁니다.

5 (옮긴이) 엔비디아가 자체 GPU에서 일반 컴퓨팅을 위해 개발한 병렬 컴퓨팅 플랫폼이자 프로그래밍 모델입니다.

6 (옮긴이) 개방형 범용 병렬 컴퓨팅 프레임워크(Open Computing Language, OpenCL)로서 CPU와 GPU, 그리고 기타 프로세서들로 구성된 시스템을 프로그래밍하기 위해 제정된 산업계의 표준 프레임워크입니다.

7 (옮긴이) 이미지, 영상에서 노이즈가 발생한 듯 선이 톱니 모양으로 보이는 계단 현상을 부드럽게 만드는 기술입니다.

버퍼[8]를 사용할 수 없습니다. <canvas>는 WebGL을 위한 곳입니다. canvas2D 렌더링에 사용하거나 WebGL 콘텍스트를 바인딩 해제할 수 없습니다. GL 변수는 WebGL API의 입력 지점으로 모든 WebGL 메서드와 속성은 콘텍스트의 메서드와 속성입니다.

WebGL에서 그리기 영역을 뷰포트(viewport)라고 부릅니다. 뷰포트는 논리적 직교 좌표를 물리적인 화면 픽셀 좌표로 변환하는 과정입니다. 좌표계의 중심은 항상 원점으로 X축은 –1(왼쪽)에서 1(오른쪽)까지 이동하고, Y축은 –1(아래)에서 1(위쪽)까지 이동합니다.

5.1.1 WebGL 작업 흐름

WebGL의 작업 흐름은 두 가지로 나뉩니다.

- CPU에서 자바스크립트로 작성된 메인 코드가 실행됩니다. GPU 메모리에 형상 및 행렬을 바인딩하고 사용자 상호 작용을 처리합니다.
- GPU에서 실행되는 그래픽 코드를 셰이더로 래핑합니다. 셰이더는 C 언어를 기반으로 하는 GLSL(OpenGL Shading Language, OpenGL 셰이딩 언어)로 작성되었습니다.

자바스크립트는 GLSL을 구문 분석할 수 없으므로 GLSL 소스 코드와 변수 이름은 항상 문자열로 선언한 후에 WebGL 콘텍스트로 전달해야 합니다. 타입스크립트라면 템플릿 문자열을 사용할 수 있어 GLSL 셰이더의 가독성이 크게 향상됩니다. 하지만 이 책에서는 자바스크립트를 계속 사용합니다.

WebGL은 두 가지 셰이더가 있습니다.

- **버텍스 셰이더(vertex shader, 정점 셰이더)**는 주로 물체의 버텍스 정보에 수학적인 연산을 함으로써 물체에 특별한 효과를 주는 데 쓰입니다. 버텍스는 좌표, 색상, 텍스처, 조명 등이 있는데, 이 데이터를 입력으로 가져와 변환합니다. 이 데이터는 버텍스 버퍼 객체(Vertex Buffer Objects, VBOs)에 저장되어 있습니다. 데이터를 입력

---

8 (옮긴이) 'Z-버퍼'라고도 불리며, 화면에 가려서 보이지 않는 부분을 처리하는 방식입니다. 3D 그래픽에서 앞쪽 그림과 뒤쪽 그림을 표시할 때 어느 쪽이 앞에 있는지를 알려줘야 합니다. 가로 XX, 세로 YY, 깊이 ZZ가 필요하며, 이 깊이의 처리 방식이 Z-버퍼입니다.

으로 가져와서 변환하고, 버텍스 버퍼 객체에 저장된 정점 데이터(벡터 지오메트리의 포인트)에서 작동합니다. 이 셰이더는 래스터화 프로세스 전에 실행됩니다.

- **프래그먼트 셰이더(fragment shader)**는 래스터화 이후에 실행되며, 안티-앨리어싱이 비활성화된 경우 픽셀마다 실행됩니다. 각 픽셀을 렌더링하여 최종 픽셀 출력 색상을 결정합니다.

예를 들어, WebGL을 사용하여 3D 정육면체를 그리면 어떻게 될까요?

- 버텍스 셰이더는 꼭짓점마다 실행되며, 뷰포트에 3D 위치를 투영합니다.
- 프래그먼트 셰이더는 그려진 픽셀에 색상을 적용합니다.

여러 셰이더의 집합을 **셰이더 프로그램(shader progeam)**이라 합니다. 이미지의 특정 특징을 완벽하게 묘사할 수 있습니다. 두 셰이더 모두 같은 구조를 가집니다.

```
// 입출력 변수를 선언합니다.

// 함수를 정의합니다.

// 메인 반복문
void main(void){
  // 이곳에 메인 코드를 작성합니다.
  ouput_variable = value
}
```

버텍스 셰이더의 출력 변수는 항상 gl_Position입니다. 클리핑[9] 좌표는 4차원 벡터 [x, y, z, w]입니다. 뷰포트의 2D에서 점의 위치는 [x/w, y/w]입니다. z/w는 깊이 버퍼 값으로 3D 렌더링에서 깊이 겹침(depth overlapping)을 관리하는 데 사용됩니다. w는 3차원 좌표(homogeneous coordinate)를 4D 동차 좌표로 확장한 것으로서 회전, 크기 조정 및 변환 등을 편리하게 해주는 좌표 시스템입니다. 동차 좌표를 사용하면 어파인 변환(affine transformation)을 단일 행렬 곱셈으로 작성할 수 있습니다.

프래그먼트 셰이더는 색상 값을 생성하기 위해 4차원 출력 변수를 사용합니다. 프래그

---

9 (옮긴이) 클리핑(clipping)은 임의의 객체를 그리기 위해 사용될 좌표를 OpenGL에 알려주는 과정을 말합니다.

먼트 셰이더 출력 변수는 GLSL 버전마다 다릅니다. GLSL 1.3 버전(OpenGL 3.0 버전)에서는 gl_FragColor, GLSL 2.0 버전에서는 gl_FragData이며, 2018년에 공표된 최신 GLSL 4.60 버전에는 프래그먼트 깊이를 나타내는 gl_FragDepth와 멀티샘플 렌더링이 수행될 때 프래그먼트 샘플 마스크를 정의하는 gl_SampleMask가 있습니다. 픽셀의 RGBA 색상 값이며, A는 알파 채널로 색상 투명도를 조절합니다. 표준 컬러 렌더링의 각 채널 값은 0과 1 사이입니다. (예: [1, 1, 1, 1]은 불투명한 흰색, [0.5, 0, 0, 1]은 50% 정도의 진한 적색이며, [1, 0, 0, 1]은 불투명한 검은색입니다.)

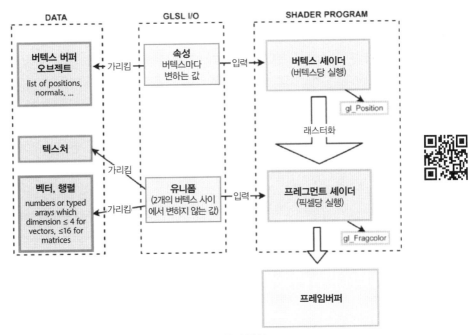

그림 5-3 **WebGL 동작 방식**

그림 5-3은 WebGL 작업 흐름을 단순화한 다이어그램입니다. (GPGPU[10]에서 사용하지 않는 GLSL 입출력 타입은 생략했습니다.)

---

10 (옮긴이) GPGPU(General-Purpose computing on Graphics Processing Units, GPU상의 범용 계산)는 일반적으로 컴퓨터 그래픽스를 위한 계산만 맡았던 그래픽 처리 장치(GPU)를, 전통적으로 중앙 처리 장치(CPU)가 맡았던 응용 프로그램들의 계산에 사용하는 기술을 말합니다.

맨 왼쪽 데이터 칼럼으로 VBO 버텍스 데이터, 텍스처, 자바스크립트 숫자 데이터 등이 있습니다. 중간 칼럼은 GLSL 입출력 변수입니다. 자바스크립트와 GLSL을 연결하는 다리 역할을 합니다. 자바스크립트 포인터의 일종이며 셰이더에서 직접 사용할 수 있습니다. 왼쪽에는 GPU 코드가 있습니다. 그래픽 드라이버는 셰이더 간의 래스터화 프로세스를 자동으로 수행합니다.

5.1.2 프래그먼트 셰이더 렌더링

주요 연산은 프래그먼트 셰이더에서 이뤄집니다. 앞으로 예제에서 뷰포트를 두 개의 삼각형으로 채우고 프래그먼트 셰이더에서 모든 렌더링을 수행하도록 만들어 볼 것입니다. 두 개의 삼각형을 사용하면 나중에 픽셀마다 단일 프래그먼트 셰이더를 실행할 수 있습니다. 삼각형이 전체 뷰포트를 덮지 않으면, 프래그먼트 셰이더는 삼각형으로 덮인 픽셀에 대해서만 실행됩니다.

WebGL 동작 과정은 매우 까다롭기 때문에 별도로 셰이더를 사용할 수 없습니다. 이 절의 예제에서는 버텍스 셰이더를 사용하여 뷰포트를 두 개의 삼각형으로 채워 보겠습니다. 삼각형의 각 픽셀의 색상은 프래그먼트 셰이더에 지정됩니다. 이후에 컴퓨팅으로 렌더링을 대체합니다. 이 책의 예제 코드는 깃허브 저장소 https://git.io/JeduM에서 확인하세요.

버텍스 버퍼 객체

뷰포트의 4개 꼭짓점을 표현하는 자바스크립트 배열은 다음과 같습니다.

```
var quadVertices = new Float32Array([
  -1, -1, // 왼쪽 아래  => index 0
  -1,  1, // 왼쪽 위    => index 1
   1,  1, // 오른쪽 위  => index 2
   1, -1  // 오른쪽 아래 => index 3
])
```

다음으로, 네 점을 그룹으로 묶어 꼭짓점의 인덱스를 사용해 겹치지 않는 두 삼각형을 만듭니다.

```
var quadIndices = new Uint16Array([
  0,1,2, // 첫번째 삼각형은 인덱스 0, 1, 2로 만들어집니다.
  0,2,3  // 두번째 삼각형
])
```

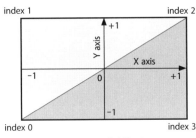

그림 5-4 **두 삼각형 좌표**

그림 5-4는 두 개의 삼각형이 뷰포트를 채우고 있습니다. 왼쪽 상단의 파란색 삼각형
이 포인트 인덱스는 0, 1, 2이고, 오른쪽 빨간색 삼각형 포인트 인덱스는 0, 2, 3입니
다. 이 인덱스 데이터는 자바스크립트 배열로 저장하고, **버텍스 버퍼 객체**(Vertex Buffer
Object, VBO)[11]를 만들어 GPU 메모리(VRAM)로 보냅니다. VBO는 단순히 GPU 메모리
에 저장된 배열입니다.

```
// GPU로 버텍스를 보냅니다.
var quadVerticesVBO = GL.createBuffer()
GL.bindBuffer(GL.ARRAY_BUFFER, quadVerticesVBO)
GL.bufferData(GL.ARRAY_BUFFER, quadVerticesVBO, GL.STATIC_DRAW)

// GPU로 인덱스를 보냅니다.
var quadIndicesVBO = GL.createBuffer()
GL.bindBuffer(GL.ELEMENT_ARRAY_BUFFER, quadIndicesVBO)
GL.bufferData(GL.ELEMENT_ARRAY_BUFFER, quadIndicesVBO, GL.STATIC_DRAW)
```

---

11 (옮긴이) 버텍스 버퍼 객체는 정점 정보(vertex)의 집합으로 많은 양의 정점을 메모리에 저장할 수 있어 대량의 데이터를
한꺼번에 그래픽 카드로 전송할 수 있다는 장점이 있습니다. CPU에서 그래픽 카드로 데이터를 전송할 때 속도가 현저
하게 느려지기 때문에 가능한 많은 데이터를 한 번에 보내야 합니다. 데이터가 그래픽 카드의 메모리에 할당되면 그 즉
시 버텍스 셰이더는 정점에 접근할 수 있습니다.

셰이더 프로그램

버텍스 셰이더는 4D 버텍스를 입력으로 받아 뷰포트 모서리에서 출력합니다. 다음은 GLSL의 버텍스 셰이더 코드입니다.

```
attribute vec2 position

void main(void){
  gl_Position = vec4(position,0.,1.) // 클립 좌표 내 위치
}
```

위의 예제에서 볼 수 있듯이, 버텍스의 x와 y 좌표만 필요합니다. 따라서 깊이 z = 0과 w = 1로 설정합니다.

이제 각 픽셀의 2차원 위치를 적색 및 녹색 색상 채널 내의 뷰포트에서 출력하는 프래그 먼트 셰이더를 작성할 차례입니다. 출력 픽셀의 색상 채널에서 데이터를 인코딩합니다.

```
precision highp float
  // 픽셀 내에서의 해상도
uniform vec2 resolution

void main(void){
  // gl_FragCoord는 내장된 입력 변수입니다.
  // 픽셀 내에서 현재 픽셀 위치를 가리킵니다.
  vec2 pixelPosition = gl_FragCoord.xy / resolution
  gl_FragColor = vec4(pixelPosition, 0.,1.)
}
```

두 셰이더를 모두 자바스크립트 문자열로 선언하고 별도로 컴파일합니다.

```
// 문자열로 셰이더 소스를 선언합니다.
var shaderVertexSource =
  "attribute vec2 position;\n" +
  "void main(void){\n" +
  "gl_Position=vec4(position, 0., 1.);\n" +
  "}"
var shaderFragmentSource =
  "precision highp float;\n" +
  "uniform vec2 resolution;\n" +
```

```
"void main(void){\n" +
"vec2 pixelPosition=gl_FragCoord.xy/resolution;\n" +
"gl_FragColor=vec4(pixelPosition, 0.,1.);\n" +
"}"
```

```
// 셰이더를 컴파일하는 함수
function compile_shader(source, type, typeString) {
  var shader = GL.createShader(type)
  GL.shaderSource(shader, source)
  GL.compileShader(shader)
  if (!GL.getShaderParameter(shader, GL.COMPILE_STATUS)) {
    alert("ERROR IN " + typeString + " SHADER: " + GL.getShaderInfoLog(shader))
    return false
  }
  return shader
}

// 두 셰이더를 별도로 컴파일합니다.
var shaderVertex = compile_shader(shaderVertexSource, GL.VERTEX_SHADER, "VERTEX")
var shaderFragment = compile_shader(
  shaderFragmentSource,
  GL.FRAGMENT_SHADER,
  "FRAGMENT"
)
```

이제 렌더링을 하기 위해 모든 그래픽 코드가 포함된 셰이더 프로그램을 생성합니다.

```
var shaderProgram = GL.createProgram()
GL.attachShader(shaderProgram, shaderVertex)
GL.attachShader(shaderProgram, shaderFragment)
```

마지막으로, GLSL 입출력 변수를 자바스크립트 포인터(예: 변수)와 연결합니다. 이 포인터는 추후 자바스크립트에서 GLSL 값을 업데이트하는 데 사용됩니다. 자바스크립트는 GLSL을 이해할 수 없어 GLSL 변수 이름을 항상 문자열로 지정해야 합니다.

```
// linkProgram을 시작합니다.
GL.linkProgram(shaderProgram)

// 속성 선언
var posAttribPointer = GL.getAttribLocation(shaderProgram, "position")
GL.enableVertexAttribArray(posAttribPointer)
```

```
// uniform 선언
var resUniform = GL.getUniformLocation(shaderProgram, "resolution")
```

렌더링 시간

GPGPU에서 사용되는 유일한 버텍스 버퍼 객체는 쿼드(quad)이므로 한 번만 콘텍스트에 바인드할 수 있습니다.

```
GL.bindBuffer(GL.ARRAY_BUFFER, quadVerticesVBO)
GL.vertexAttribPointer(posAttribPointer, 2, GL.FLOAT, false, 8, 0)
GL.bindBuffer(GL.ELEMENT_ARRAY_BUFFER, quadIndicesVBO)
```

드로우콜(draw call)[12] GL.vertexAttribPointer 메서드는 버텍스 버퍼 객체 데이터에서 셰이더 프로그램 속성을 파싱합니다. 각 인수를 살펴보겠습니다. 제일 처음 posAttribPointer는 이전에 선언한 GLSL 변수입니다. 두 번째 인수 2는 속성에 두 가지 컴포넌트가 있음을 말합니다. 바로 세 번째와 네 번째 인수인 GL.FLOAT와 false 입니다. 배열 내 모든 데이터 타입은 GL.FLOAT로 32bit IEEE 부동소수점 숫자입니다. false는 정규화 비활성화함을 뜻합니다. 다섯 번째 인수 8은 바이트 단위 내 1 버텍스의 크기입니다. GL.FLOAT가 4byte로 저장되며, 두 가지 구성 요소가 있으므로 총 크기는 8이 됩니다. (8bytes = 컴포넌트 수 2 × 4bytes)

이제 렌더링을 해봅시다.

```
GL.useProgram(shaderProgram)
// 프래그먼트 셰이더에서 GLSL "해상도 resolution" 값을 업데이트합니다.
GL.viewport(0, 0, myCanvas.width, myCanvas.height)
GL.uniform2f(resUniform, myCanvas.width, myCanvas.height)
// 렌더링
GL.drawElements(GL.TRIANGLES, 6, GL.UNSIGNED_SHORT, 0)
GL.flush()
```

---

12 (옮긴이) 드로우 콜은 버텍스를 렌더링하기 위해 CPU가 GPU에게 그리기를 요청하는 것을 말합니다.

그림 5-5 **렌더링 결과**

GPU 파워

프래그먼트 셰이더 구문인 **gl_FragColor** = vec4(pixelPosition, 0., 1.)은 각 픽셀의 색상 값을 병렬로 할당합니다. 각 픽셀은 내장 변수 **gl_FragCoord**로 상대 위치 값을 가집니다. WebGL 병렬 처리의 힘입니다. 렌더링 후 최종 픽셀 배열은 CUDA 커널과 유사합니다.

이제 프래그먼트 셰이더 main() 함수를 수정하겠습니다.

```
void main(void){
  vec2 pixPos = gl_FragCoord.xy / resolution

  // 전환 및 스케일
  vec2 pixPosCentered = 1.3 * (pixPos * 2. - vec2(1.55, 1.))

  vec2 z = pixPosCentered, newZ
  float j = 0.
  for (int i = 0; i <= 200; i += 1)
  {
    newZ = pixPosCentered + vec2(z.x * z.x - z.y * z.y, 2. * z.y * z.x)
    if (length(newZ) > 2.)
      break
    z = newZ
    j += 1.
  }

  // 변수 j 색상 생성
  vec3 color = step(j, 199.) * vec3(j / 20., j * j / 4000., 0.)
  gl_FragColor = vec4(color, 1.)
}
```

이제 아름다운 망델브로 프랙탈을 초당 60프레임으로 부드럽게 렌더링 루프에서 처리할 수 있습니다. 전체 예제 코드는 깃허브 저장소에서 확인할 수 있습니다. https://git.io/Jedu4

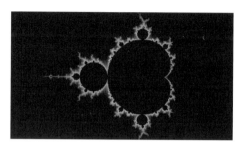

그림 5-6 **망델브로 프랙탈**

http://nuclear.mutantstargoat.com/articles/sdr_fract/에서 망델브로 프랙탈 OpenGL 구현에 대한 심층적인 지식을 얻을 수 있습니다. 레이마칭(Ray Marching) 알고리즘 등 흥미로운 알고리즘을 사용해 만든 망델브로 프랙탈 결과물들도 있습니다. https://www.shadertoy.com/에서는 셰이더 프로그래밍으로 만든 놀라운 작품들을 볼 수 있습니다.

5.2 일반적인 WebGL 사용

우리는 프래그먼트 셰이더를 사용해 그래디언트와 도형을 그렸습니다. 프래그먼트 셰이더는 연산 처리도 가능합니다. 이번 절에서는 WebGL(GPGPU)을 이용한 범용 컴퓨팅의 주요 원리를 설명합니다. 프래그먼트 셰이더와 버텍스 셰이더는 WebGL을 사용해 각각 다른 장소에서 병렬적으로 연산을 수행할 수 있습니다. 버텍스 셰이더에서 주요 작업을 처리하기가 어렵습니다. 출력 gl_Position을 읽거나 텍스처 또는 gl_FragColor를 다른 객체에 저장할 수 없기 때문입니다. 게다가, 위치를 제어하기에 일부 계산 결과가 뷰포트에서 동일한 위치에 있으면 오버랩되며, 뷰포트 외부에 있으면 읽을 수도 없습니다. 일반적으로 출력 픽셀보다 적은 수의 버텍스를 다루기 때문에 프래그먼트 셰이더의 병렬화가 훨씬 더 효율적입니다.

따라서 프래그먼트 셰이더 출력을 사용해 결과를 읽고 저장하는 것이 좋습니다. 버텍스 셰이더로 뷰포트를 채우고 버텍스 셰이더 내부에 전체 연산을 처리합니다.

이번 절에서는 HTML <canvas/> 엘리먼트 대신에 GPU 메모리 내의 위치인 프레임버퍼(framebuffer)[13]를 사용해 렌더링합니다. 그런 후에 드로우콜(drawcall)에서 프레임버퍼를 텍스처로 사용하고 프레그먼트 셰이더에서 값을 읽습니다. 텍스처는 VRAM에 저장된 이미지로 볼 수 있지만, 각 값마다 4개의 채널(RGBA 색상 채널)을 가진 2D 배열로 간주합니다. 연산 결과를 저장하며 임의의 규칙에 따라 4개의 채널에 할당됩니다.

딥러닝 웹 애플리케이션은 VRAM에 전체 딥러닝 모델을 매핑합니다. 각 층의 출력은 텍스처이며, 다음 프레그먼트 셰이더에 입력으로 전달됩니다. 자바스크립트 메인 스레드에서 GPU 메모리를 읽지 않고 거대한 렌더링 경로로 딥러닝 모델 실행 그래프를 작성할 것입니다.

5.2.1 WebGL 디버깅

WebGL은 코드 실행 장소가 다르고 그래픽 하드웨어가 다양하기 때문에 디버깅하기 어렵습니다. 크롬의 경우 **WebGL Inspector**(https://git.io/JeduD)나 **WebGL Insight**(https://chrome.google.com/webstore/detail/webgl-insight/djdcbmfacaaocoomokenoalbomllhnko)와 크롬 확장 프로그램을 사용할 수 있습니다. WebGL 콘텍스트에 링크된 그래픽 메모리를 검사하며, 텍스처와 VBO를 탐색하고 검사하거나 드로우콜 목록을 보여줍니다.

하드웨어 종속 오류

하드웨어 종속 버그가 있을 때는 다음의 링크에서 도움을 받을 수 있습니다.

chrome://gpu를 열고 크롬 WebGL 도움말을 확인합니다.

http://webglreport.com/을 방문해 WebGL1 및 WebGL2 지원, 확장 및 그래픽 하드웨어 제한 관련 정보를 확인합니다.

---

13 옮긴이 프레임버퍼는 그래픽 하드웨어를 추상화합니다. 프레임버퍼를 사용해 애플리케이션에서 미리 정의된 인터페이스를 통해 그래픽 하드웨어에 손쉽게 액세스하여 그래픽 요소를 표현할 수 있습니다. 하드웨어 레지스터나 컨트롤러 등 저수준 특성에 대한 지식이 없어도 사용할 수 있습니다.

만약 WebGL이 더 이상 작동하지 않으면 안정성에 문제가 있어 해당 그래픽 드라이버가 블랙리스트에 올랐을 수 있습니다. 그래픽 드라이브를 업데이트하면 문제가 해결됩니다.

GLSL 문법 오류

셰이더 컴파일 시 GLSL 구문 오류를 감지합니다. 문제되는 코드 행 번호를 알 수 있어 쉽게 고칠 수 있습니다. 셰이더로 작업할 때 가장 많이 마주치는 오류이기도 합니다.

WEBGL 런타임 오류

오류가 있는 대부분의 경우에는 자바스크립트 콘솔에 경고 메시지가 표시됩니다. 예를 들어, 커스텀 프레임버퍼가 텍스처에 바인딩되어 있지 않은 경우 혹은 텍스처가 예상보다 다른 길이의 형식화 배열인 경우입니다. 오류 메시지는 명확하지만, 오류를 발생시킨 드로우 콜이 있는 코드 행을 표시하지 않습니다.

이때 자바스크립트 코드에서 브레이크포인트(breakpoint)를 걸어 에러를 분석할 수 있습니다. GPU가 보류 중인 모든 드로우콜을 실행했는지 확인하기 위해 브레이크포인트 앞에 GL.finish() 문을 추가하는 것이 좋습니다.

알고리즘 오류

셰이더에 브레이크포인트를 설정할 수 없으므로 알고리즘 오류를 분석하기 어렵습니다. 표준 프레임버퍼의 색상 채널에 시뮬레이션 변수를 표시해 문제를 강조하는 렌더링을 구현해 해결해야 합니다.

5.2.2 텍스처 렌더링

이번 절에서는 라이프 게임 구현을 통해 컴퓨팅을 위한 텍스처 렌더링 개념을 알아봅니다. 이 시뮬레이션의 WebGL 및 전체 소스 코드는 깃허브 저장소/chapter5/2_ renderToTexture(https://git.io/JeduS)에서 확인할 수 있습니다.

먼저, 시뮬레이션의 전역 파라미터를 선언합니다. WebGL 프로그램은 저수준 그래픽 하드웨어 및 고급 CPU에서 약 4,000배 더 빠른 속도로 실행됩니다. 단순한 코드이지만 병렬 처리의 효과를 보여주는 훌륭한 예입니다.

```
var SETTINGS = { // 크기가 256*256 셀에서 시뮬레이션이 수행됩니다.
  simuSize: 256, // 총 이터레이션 실행 횟수
  nIterations: 2000
}
```

WebGL 콘텍스트가 인스턴스화될 때 기본 프레임버퍼 개체(FrameBuffer Object, FBO)[14]가 만들어져 콘텍스트에 바인딩됩니다. 렌더링은 디스플레이를 제어하는 이 프레임버퍼에서 발생합니다. 텍스처 렌더링(Render-To-Texture, RTT)을 하기 위해 사용자 정의 프레임버퍼 객체를 생성하여 콘텍스트에 바인딩해야 합니다.

```
var rttFbo = GL.createFramebuffer()
GL.bindFramebuffer(GL.FRAMEBUFFER, rttFbo)
```

이 함수는 자바스크립트 배열로부터 텍스처를 생성합니다.

```
function create_rttTexture(width, height, data) {
  var texture = GL.createTexture()
  GL.bindTexture(GL.TEXTURE_2D, texture)
  // 텍스처 필터링:
  // 텍스처 UV 좌표에서 가장 가까운 픽셀을 선택합니다.
  // 텍셀(texel) 값을 선형적으로 보간하지 않습니다.
  GL.texParameteri(GL.TEXTURE_2D, GL.TEXTURE_MAG_FILTER, GL.NEAREST)
  GL.texParameteri(GL.TEXTURE_2D, GL.TEXTURE_MIN_FILTER, GL.NEAREST)

  // 두 축을 따라 텍스처를 반복하지 않습니다.
  GL.texParameteri(GL.TEXTURE_2D, GL.TEXTURE_WRAP_S, GL.CLAMP_TO_EDGE)
  GL.texParameteri(GL.TEXTURE_2D, GL.TEXTURE_WRAP_T, GL.CLAMP_TO_EDGE)

  // 크기를 설정하고 텍스처에 데이터를 보냅니다.
  GL.texImage2D(
    GL.TEXTURE_2D,
```

---

14 (옮긴이) FBO(FrameBuffer Object) 아키텍처는 텍스처에 렌더링하는 것을 포함하여 유연한 오프 스크린 렌더링을 수행하기 위한 OpenGL 확장 인터페이스입니다. 일반적으로 화면에 그려지는 이미지를 캡처함으로써 다양한 이미지 필터 및 사후 처리 효과를 구현하는 데 사용할 수 있습니다.

```
    0,
    GL.RGBA,
    width,
    height,
    0,
    GL.RGBA,
    GL.UNSIGNED_BYTE,
    data
  )
  return texture
}
```

텍스처를 동시에 읽고 렌더링할 수는 없습니다. 그래서 두 개의 텍스처를 만들어야 합니다. 둘 다 적색 채널에만 셀 상태를 저장합니다. (적색 채널 값이 1.0이면 셀이 활성화되고, 0.0인 경우 셀은 비활성화되어 작동하지 않습니다.)

```
var dataTextures = [
  create_rttTexture(SETTINGS.simuSize, SETTINGS.simuSize, data0),
  create_rttTexture(SETTINGS.simuSize, SETTINGS.simuSize, data0)
]
```

data0은 텍스처의 RGBA 값을 무작위로 선택해 Uint8Array를 초기화합니다. 첫 번째 시뮬레이션 이터레이션 동안 dataTextures[0]을 사용해 datatexture[1]로 렌더링한 다음, 두 텍스처를 교환하고 다시 반복합니다.

이를 위해 컴퓨팅 셰이더와 렌더링 셰이더 두 프로그램이 필요합니다.

- 컴퓨팅 셰이더 프로그램(computing shader program)은 셀 상태 텍스처를 입력으로 취해 업데이트된 셀 상태를 반환합니다.
- 렌더링 셰이더 프로그램(rendering shader program)은 시뮬레이션이 끝날 때 한 번 사용되며, 결과를 캔버스에 표시합니다.

두 셰이더 프로그램 모두 동일한 버텍스 셰이더를 가지고 있으며, 뷰포트를 채우기 위해 두 개의 삼각형을 그립니다. 프래그먼트 셰이더가 모든 로직을 수행합니다.

다음은 라이프 게임을 구현한 컴퓨팅 프래그먼트 셰이더 메인 함수입니다.

```
void main(void){
  // 렌더링된 픽셀의 현재 위치
  vec2 uv = gl_FragCoord.xy / resolution
  vec2 duv = 1 / resolution // 2 텍셀 사이의 거리
  // 셀 상태 값 : 1-> 살아 있음, 0-> 죽음
  float cellState = texture2D(samplerTexture, uv).r
  // 살아 있는 이웃의 수(무어 이웃, Moore Neighborhood)
  float nNeighborsAlive =
    texture2D(samplerTexture, uv + duv * vec2(1, 1)).r +
    texture2D(samplerTexture, uv + duv * vec2(0, 1)).r +
    texture2D(samplerTexture, uv + duv * vec2(-1, 1)).r +
    texture2D(samplerTexture, uv + duv * vec2(-1, 0)).r +
    texture2D(samplerTexture, uv + duv * vec2(-1, -1)).r +
    texture2D(samplerTexture, uv + duv * vec2(0, -1)).r +
    texture2D(samplerTexture, uv + duv * vec2(1, -1)).r +
    texture2D(samplerTexture, uv + duv * vec2(1, 0)).r
  if (nNeighborsAlive == 3.0) {
    cellState = 1.0 // 태어남
  } else if (nNeighborsAlive <= 1.0 || nNeighborsAlive >= 4.0) {
    cellState = 0.0 // 죽음
  }
  gl_FragColor = vec4(cellState, 0, 0, 1)
}
```

texture2D 문은 텍스처(텍셀(texel)이라고도 합니다)에서 픽셀을 가져옵니다. 인수는 텍스처 샘플러와 텍셀 좌표입니다. 하나의 프래그먼트 셰이더에서 GPU에 따라 약 16개의 텍스처를 동시에 사용할 수 있습니다. GL.getParameter(GL.MAX_TEXTURE_IMAGE_UNITS) 문으로 지원 가능한 텍스처 수를 확인할 수 있습니다. 더 많은 텍스처를 인스턴스화할 수 있지만, 동시에 모든 텍스처를 사용할 수는 없습니다. 셰이더 내 샘플은 uniform sampler2D 타입을 가지고 있지만, 자바스크립트 정수처럼 할당됩니다.

```
// 연결 단계입니다.
var _samplerTextureRenderingUniform = GL.getUniformLocation(
  shaderProgramRendering,
  "samplerTexture"
)
//...
// 정수처럼 채널 7의 샘플러 값에 영향을 미칩니다.
GL.useProgram(myShaderProgram)
GL.uniform1i(_samplerTextureRenderingUniform, 7)
//...
```

```
// 렌더링 직전
// 텍스처 채널7을 활성화합니다.
GL.activeTexture(GL.TEXTURE7)
// myTexture를 활성화된 채널에 바인딩합니다.
GL.bindTexture(GL.TEXTURE_2D, myTexture)
```

GLSL 문 texture2D의 두 번째 파라미터는 텍스처 좌표입니다. 가져온 텍셀을 찾는 vec2 인스턴스로 0.0과 1.0 사이의 값을 가집니다.

시뮬레이션 단계를 준비해 보겠습니다.

```
GL.useProgram(shaderProgramComputing)
GL.viewport(0, 0, SETTINGS.simuSize, SETTINGS.simuSize)
```

그리고 시뮬레이션 루프를 시작합니다.

```
for (var i = 0; i < SETTINGS.nIterations; ++i) {
  // dataTextures[0]은 읽기 상태입니다.
  GL.bindTexture(GL.TEXTURE_2D, dataTextures[0])
  // dataTextures[1]은 업데이트된 상태입니다.

  GL.framebufferTexture2D(
    GL.FRAMEBUFFER,
    GL.COLOR_ATTACHMENT0,
    GL.TEXTURE_2D,
    dataTextures[1],
    0
  )
  GL.drawElements(GL.TRIANGLES, 6, GL.UNSIGNED_SHORT, 0)
  dataTextures.reverse()
  GL.finish()
}
```

명령어 GL.framebufferTexture2D(...)는 현재 바인딩된 프레임버퍼(RTT-FBO)에 그려지는 모든 것이 dataTextures[1]에도 그려지는 것을 의미합니다.

이제 렌더링 단계를 마칩니다.

```
// 기본 FBO(캔버스에 표시됨)로 돌아옵니다.
GL.bindFramebuffer(GL.FRAMEBUFFER, null)
GL.useProgram(shaderProgramRendering)
GL.viewport(0, 0, myCanvas.width, myCanvas.height)
// [...]
// 렌더링을 실행합니다.
GL.drawElements(GL.TRIANGLES, 6, GL.UNSIGNED_SHORT, 0)
GL.flush()
```

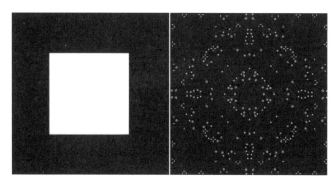

그림 5-7 **라이프 게임 시뮬레이션 결과**

그림 5-7은 라이프 게임 시뮬레이션 결과입니다. 기존 코드에 오른쪽 이미지는 셀 초기화 값을 전체 영역의 중간 지점에 살아 있는 사각형 셀부터 시작하도록 수정했습니다. 오른쪽 이미지는 2,000회 이터레이션 후의 결과입니다.

5.2.3 정밀도

라이프 게임에서는 이산값(discrete value)을 사용합니다. 각 셀은 살아 있거나 죽어 있는 상태입니다. 이산값을 사용하기 위해 WebGL 기본 8bit 정밀도로 제한해야 합니다. gl_FragColor의 각 컴포넌트는 8bit로 인코딩되며, 0과 1 사이의 값을 가집니다. 각 컴포넌트의 가능한 값 2^8 = 256개입니다. 1bit만으로 우리 눈으로 두 색을 구분하기 어렵기 때문에 색상으로 인코딩하기가 적절하지 않습니다.

딥러닝에서는 부동소수점 값을 다루기 때문에 높은 정밀도가 필요합니다. 16bit (GL.HALF_FLOAT)면 충분하지만, 때에 따라 32bit 정밀도(GL.FLOAT)도 사용할 수 있습니다. 이를 위해 다음과 같은 기능이 필요합니다.

- FLOAT 또는 HALF_FLOAT 텍스처를 인스턴스화합니다.
- FLOAT 또는 HALF_FLOAT 텍스처에 텍스처 렌더링을 합니다.

WebGL1의 경우, OES_TEXTURE_FLOAT 또는 OES_TEXTURE_HALF_FLOAT 확장을 사용하도록 설정해야 합니다. (매번 해야 하는 것은 아닙니다.) 그런 다음, FLOAT 또는 HALF_FLOAT 텍스처로 렌더링을 테스트해야 합니다.

WebGL2의 경우, FLOAT와 HALF_FLOAT가 스펙에 포함되어 있어 설정을 추가하지 않아도 됩니다. HALF_FLOAT 텍스처만 렌더링되도록 지정합니다. WebGL2는 WebGL1과 호환 가능하며, 다음과 같이 사용할 수 있습니다.

```
var GL=myCanvas.getContext('webgl2', ...)
```

콘텍스트를 초기화할 때 지켜야 할 사항입니다.

- WebGL2의 경우, WebGL2를 HALF_FLOAT 정밀도로 사용합니다.
- WebGL1의 경우, OES_TEXTURE_FLOAT 확장을 가져오고 FLOAT 텍스처로 RTT를 테스트합니다.
- OES_TEXTURE_FLOAT 확장을 사용할 수 없거나 RTT가 작동하지 않은 경우, OES_TEXTURE_HALF_FLOAT 확장을 가져오고 RTT를 테스트합니다.

일부 GPU의 경우는 <WEBGL|EXT| OES>_color_buffer_float 확장을 가져와야 합니다. 그렇지 않으면 프레임버퍼 객체를 FLOAT 또는 HALF_FLOAT 텍스처에 바인딩할 수 없습니다.

셰이더에서 사용되는 정밀도는 첫 번째 줄에서 다음과 같이 지정됩니다.

```
precision highp float
```

정밀도 타입은 lowp, mediump, highp 세 가지입니다.

- lowp: 8bit 정밀도를 사용합니다. 속도가 빠르지만 부동소수점 계산에는 적합하지 않으며, 색상 값 렌더링에 적합합니다.
- mediump: GPU에 따라 highp나 lowp 정밀도를 사용합니다. 그래픽 하드웨어에 따라 정밀도가 다르기 때문에 GL.getShaderPrecisionFomat(GL.MEDIUM_FLOAT)를 사용해 실제 정밀도를 확인하는 것이 좋습니다.
- highp: 16bit 또는 32bit 정밀도를 사용하며 부동소수점을 다룹니다. 16bit는 딥러닝 연산에 적합합니다. (항상 물리적 시뮬레이션을 위한 것은 아닙니다.) 실제 정밀도는 GL.getShaderPrecisionFomat(GL.HIGH_FLOAT)를 실행해서 확인할 수 있습니다.

GL.getShaderPrecisionFormat(<레벨>)은 precision 정밀도 속성이 셰이더의 부동소수점 부분을 인코딩하는 비트 수를 반환합니다. 예를 들어, 32bit 부동소수점 수는 23이고, 16bit 부동소수점 수는 10입니다.

이제 라이프 게임부터 열 시뮬레이션까지 개발해 보겠습니다. 부동소수점 텍스처로 렌더링됩니다. 깃허브 저장소 **chapter5/3_RTTfloat**(https://git.io/JeduQ)에서 소스 코드를 확인할 수 있습니다.

가로세로가 2.56m, 섭씨 100℃인 2D 정사각형이며, 배경 온도가 섭씨 0도인 시뮬레이션을 만들어 보겠습니다. 온도는 시간이 지나면서 점차 확산됩니다.

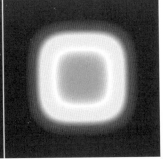

그림 5-8 **시뮬레이션 결과**

그림 5-8의 왼쪽은 초기 상태이며, 오른쪽은 2,000초 후의 시뮬레이션입니다. 색상은 프래그먼트 셰이더에서 구현되고, 0°C부터 100°C까지 보정된 IDL Rainbow 색상입니다.

5.2.4 최적화

WebGL을 사용한 딥러닝 구현은 쉽지 않고 특정 작동 방식과 그래픽 하드웨어에 따라 다른 실행 경로로 매우 복잡합니다. 우리가 WebGL을 사용하는 목표는 성능을 높이기 위한 것인데, 그래픽 프로그래밍을 배워야 하는 함정에 빠질지도 모르겠습니다.

속도는 정말 중요한 문제입니다. 이미지 분류, 세그먼테이션, 물체 감지와 같은 컴퓨터 비전은 대게 초당 30프레임(FPS) 이상 100밀리초의 연속 비디오 스트림에서 실행됩니다. 따라서 기본적인 셰이더 규칙을 따르는 것이 좋습니다.

GLSL 개발

사실, GLSL 개발은 이 책의 전체 주제가 될 수도 있습니다. 가장 인기 있는 GLSL 책은 1,000페이지가 넘을 정도이니까요. 그중 가장 흔히 접하는 개발 이슈들을 짚고 넘어가 겠습니다. 참고로, http://webgl.academy에서 WebGL과 GLSL을 체계적으로 학습할 수 있습니다.

먼저, 가능한 한 셰이더에서 **if...then...else**와 같은 조건문을 사용하지 마세요. 그 예로 ELU 활성화 함수를 계산하는 코드를 보겠습니다.

```
float ELU(float x){
  if (x >= 0.0){
    return x
  } else {
    return exp(x) - 1.0
  }
}
```

if 조건문을 다음과 같이 리팩토링할 수 있습니다.

```
float ELU(float x){
  return mix(exp(x)-1.0, x, step(x, 0.))
}
```

GLSL mix() 메서드로 mix(x, y, a) = x * (1 - a) + y * a를 정의했습니다. 하나의 큰 셰이더 대신 여러 개의 작은 셰이더를 사용하세요. 셰이더가 너무 크면 실행 시간 동안 GPU 실행 캐시를 업데이트해야 해서 장애를 초래합니다.

5.2.5 부동소수점 스페셜

고정밀 셰이더에서는 부동소수점 숫자가 GPU에 따라 16~32bit를 사용하여 저장됩니다. 첫 번째 비트에 부호가 결정되면 부동소수점으로 넘어갑니다. 32bit 부동소수점의 경우, 8bit가 지수를 인코딩하고 23bit가 소수를 인코딩합니다. 저장 형식은 32bit 인코딩된 부동소수점 값의 최댓값은 3.4e38이고 최솟값은 -3.4e38입니다. 16bit 부동소수점은 이보다 범위가 더 좁을 것입니다.

그림 5-9 32bit 표준 부동소수점의 바이너리 인코딩

만약 연산 결과가 최댓값이면 부동소수점 스페셜인 +Infinite로 대체됩니다.

GPU 하드웨어마다 +Infinite, -Infinite, NaN과 같은 부동소수점 스페셜 처리가 다릅니다. 이 값은 연산 스트림을 따라 전파될 수 있습니다.

부동소수점 스페셜은 FLOAT 또는 HALF_FLOAT 텍스처에 저장할 수 있습니다. 따라서 텍스처로 렌더링하면 이 값이 연산에 걸쳐 전파될 수 있습니다.

부동소수점 스페셜은 연산 단계가 암시적(implicit)이라도 나타납니다. ELU 활성화 함수를 계산하는 GLSL 함수를 보겠습니다.

```
float ELU(float x){
  return mix(exp(x) - 1.0, x, step(x, 0.))
}
```

예를 들어, x = 100이라면(x는 뉴런의 총 가중치) ELU(100) = 100이 됩니다. 그러나 GPU는 ELU(100) = mix(exp(100) - 1, 100, 1) = (exp(100) - 1) * 0 + 100을 계산합니다. exp(100) = 2.7.10^{43}은 최대 부동소수점 값보다 크기 때문에 부동소수점 스페셜인 +Infinity로 대체되어 exp(100)-1 = +Infinity-1 = +Infinity를 계산합니다.

GPU는 ELU(100) = +Infinity * 0 + 100을 계산합니다. 그러나 +Infinity * 0은 정의되지 않았고, 부동소수점 스페셜 NaN을 생성합니다.

NaN이 포함된 연산은 출력 역시 NaN이기 때문에 NaN 역시 전파됩니다. 반대로, Infinity는 2 / Infinity = 0이므로 사라집니다. 이제 GPU는 ELU(100) = NaN + 100 = NaN을 출력합니다. 그러면 다음 층의 연결된 모든 뉴런은 입력 사이에 NaN 값을 받고 NaN도 출력합니다.

부동소수점 스페셜을 피하는 방법은 다음과 같습니다.

- exp(), log() 등 지수(예: softmax) 및 로그와 관련된 함수 사용을 피합니다. 때로는 유한 구간(finite intervals)을 통한 다항식 근사(polynomial approximation) 함수로 대체할 수 있습니다.

- mix() 또는 다른 GLSL 보간 함수가 호출된 경우는 두 값이 작아야 합니다. ELU 활성화 함수에서 안전한 방법입니다.

```
float ELU(float x){
  return mix(exp(-abs(x)) - 1.0, x, step(x, 0.))
}
```

- 나타낼 수 있는 최댓값과 최솟값을 확인해 봅니다.
- L1 또는 L2 정규화와 같은 낮은 값으로 가중치 및 바이어스를 유지합니다.

엔비디아(NVIDIA) 웹사이트(http://download.nvidia.com/developer/Papers/2005/FP_Specials/FP_
Specials.pdf)에서 Nvidia GPU의 부동소수점 스페셜에 대한 모든 스펙을 확인할 수 있습니다.

캐시 가져오기

GPU는 CPU와 같은 계층적 캐시 시스템을 가지고 있습니다. 프래그먼트 셰이더에
서 texture2D() 메서드로 텍셀을 가져오면 GPU는 먼저 더 빠르고 작은 수준의 캐시
를 검색합니다. 캐시가 없으면 가장 높은 수준의 텍스처 캐시에서 직접 캐시를 가져올
때까지 캐시 미스를 트리거하는데, 두 번째는 보다 큰 범위에서 천천히 검색합니다. 그
후 텍셀은 낮은 레벨의 캐시에 복사됩니다. 두 번째부터 속도가 더 빨라집니다.

렌더링의 인접한 픽셀이 동일한 텍셀을 재사용하면 캐시 미스 비율이 낮아지고 셰이더
가 빠르게 실행됩니다. 그러나 여러 텍셀을 사용하면 캐시 미스가 너무 많이 발생해 성
능이 크게 떨어집니다. 텍스처에 데이터를 정렬하는 여러 방법이 있습니다. 그중 하나
는 측면에 맞춰 최적화하는 것입니다.

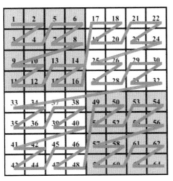

그림 5-10 **시뮬레이션 결과**

그림 5-10에서 텍셀은 메모리에서 공간적으로 가까운 셀을 거의 순차적으로 정렬하는
모턴 순서(Morton Order)로 정렬되었습니다. 이 과정을 텍스처 스위즐링(texture swizzling)
이라고 합니다. 텍셀을 가져오면 텍셀의 전체 라인(빨간색으로 표시됨)이 GPU 메모리 캐
시의 낮은 레벨로 표시됩니다. 인접한 2D 텍셀은 이미 낮은 수준의 메모리 캐시에 있
기 때문에 가져오기가 빠릅니다.

스웨덴 룬드 대학교의 마이클 도젯(Michael Doggett) 교수의 2012년 텍스처 캐시에 관한 논문은 최신 GPU의 텍스처 캐시에 대해 훌륭하게 설명했습니다.

아직 캐시 구현은 하드웨어에 의존적입니다. 하드웨어가 다른 샘플을 사용해 WebGL 프로그램을 테스트하는 것이 필요합니다. 이렇게 해야 속도도 빠르며 어느 곳에서든지 실행할 수 있습니다.

색상 채널 역할

텍스처 렌더링(RTT)은 4색 채널 텍스처와 4색 채널 프레임버퍼로 정의됩니다. 사용 용도는 다음과 같습니다.

- 라이프 게임과 같이 1채널에서만 사용할 수 있습니다. 그러나 GPU가 4D 벡터와 행렬을 동시에 처리하기 때문에 최적이 아닙니다. 동일한 기간 동안 4배 더 많은 연산을 수행합니다.

- 각 32bit 값은 4개의 RGBA 8bit 구성 요소로 패킹될 수 있습니다. 이후 부동소수점 텍스처를 전혀 사용하지 않아도 됩니다. 가장 큰 단점은 각 프래그먼트 셰이더가 텍스처의 RGBA 입력값을 32bit 값으로 언패킹한 후에 출력값을 gl_FragColor의 8bit RGBA 채널로 패킹해야 한다는 것입니다.

- 네 개의 신경망을 RGBA 채널당 하나씩 병렬로 실행할 수 있습니다. 각기 다른 초기화 파라미터로 학습이 가능하므로 출력값이 서로 달라집니다. 네 신경망의 평균값이 최종 출력됩니다. 4개의 채널로 출력 노이즈를 줄일 수 있습니다.

디더링 비활성화

디더링(dithering)은 이미지 처리 분야에서 매끄럽지 못한 계단 모양의 울퉁불퉁한 윤곽선이나 대각선을 눈에 띄지 않게 하여 사실감을 높이는 데 사용되는 기법입니다.

WebGL 상태는 GL.enable() 또는 GL.disable() 메서드로 변경합니다. 이후에 WebGL 콘텍스트의 상태를 한 번 더 변경해 줘야 합니다. 프래그먼트 셰이더가 연산에 사용될 때 디더링은 출력값을 변경할 수 있기 때문에 비활성화 처리를 해야 합니다. 디더링을 해제해 색상 양자화 시각적 결함을 피하기 위해 프래그먼트 셰이더 출력에 약간의 노이즈를 적용합니다.

```
GL.disable(GL.DITHER)
```

그림 5-11 디더링 비활성화 후 노이즈 적용

계산된 색상보다 정밀도가 낮으면 디더링이 프레임버퍼의 색상 픽셀값을 변경합니다. 그림 5-11의 맨 왼쪽 사진은 32bit RGBA 색상 이미지이며, 중간은 2bit RGBA 색상 이미지입니다. 색 정밀도가 감소하고 각 픽셀이 새로운 색상표에서 가장 가까운 색으로 변경되었습니다. 마지막 세 번째 사진은 동일한 2bit 색인 RGBA 색상이지만 디더링이 활성화되었습니다. 픽셀 색상은 색상표에서 가까운 색상으로 변경되지 않았으며, 테두리를 만들지 않기 위해 노이즈가 일부 추가되었음을 볼 수 있습니다.

프레임버퍼 변경 피하기

하나의 프레임버퍼를 인스턴스화하고 GL.framebufferTexture2D 메서드를 사용해 텍스처당 하나의 프레임버퍼를 인스턴스화하거나, 각 텍스처를 다른 프레임버퍼에 바인드하거나 동적으로 렌더링하는 것보다 특정 텍스처에 렌더링해야 할 때마다 동적으로 텍스처를 바인드하는 것이 훨씬 효율적입니다. GL.bindFramebuffer 메서드로 바운드 텍스처로 렌더링해야 할 때 프레임버퍼를 전환하세요. GL.bindFramebuffer 메서드는 성능 면에서 비용이 많이 듭니다.

큰 삼각형 그리기

뷰포트를 채우는 두 개의 삼각형을 그리는 대신 뷰포트보다 큰 하나의 삼각형만 그릴 수 있습니다. 각 좌표는 [-1,-1], [3,-1], [-1,3]이 됩니다. 이렇게 하면 성능이 약간

더 빠릅니다. 프래그먼트 셰이더는 시저 테스트(scissor test) 덕분에 픽셀당 한 번 실행되며, WebGL 그래픽 파이프라인에 통합되어 기본적으로 활성화됩니다.

5.2.6 CPU에서 GPU로 또는 GPU에서 CPU로

처음에는 데이터가 이미지, 비디오 또는 배열에 상관없이 자바스크립트만으로 처리됩니다. 이후 RAM과 CPU 레지스터에 저장되며 CPU가 이 데이터를 처리합니다. 그런 다음, GPU로 전송되어 셰이더로 처리됩니다. 결국, CPU에서 다시 이 데이터가 필요합니다. 따라서 우리는 CPU에서 GPU로 데이터를 전송한 후에 그 반대의 작업을 수행해야 합니다.

플로팅 포인트 텍스처 초기화

간혹 **플로팅 포인트 텍스처**(floating-point textures)는 자바스크립트에서 초기화해야 하는 경우가 있습니다. 시냅스 가중치가 텍스처에 저장되어 있는 경우, 이전 훈련 중에 계산된 값을 계산하거나 특정 분포와 매칭할 때 자바스크립트 배열을 채우게 됩니다. 만약 텍스처가 GL.FLOAT 요소(float당 32bit 사용)를 저장한다면 초기화는 간단합니다.

```
// WebGL1과 WebGL2 플로팅 포인트 텍스처 초기화 방법이 조금 다릅니다.
var internalPixelFormat = (ISWEBGL2)?GL.RGBA32F:GL.RGBA
GL.texImage2D(GL.TEXTURE_2D, 0, internalPixelFormat,
              <width>, <height>,
              0, GL.RGBA, GL.FLOAT,
              <instance_of_Float32Array>)
```

그러나 자바스크립트에는 Float16Array 유형이 없으므로 텍스처가 GL.HALF_FLOAT 요소를 저장하는 경우 배열에서 초기화하는 것이 더 어렵습니다. 자바스크립트 측에서는 표준 float16 인코딩(부호용으로 1bit, 지수용으로 5bit 및 분수로 10bit)을 사용하여 값당 16bit로 부동소수점 값을 인코딩해야 합니다. 그런 다음, 인코딩된 값을 자바스크립트 Uint16Array에 넣어야 합니다. Float32Array에서 Uint16Array로의 인코딩 기능은 이 책의 코드 저장소(RTTfloat 열 시뮬레이션 참조)에서 제공됩니다. 그리고서 Uint16Array로 텍스처를 초기화합니다.

```
// '연속 시뮬레이션' 예제에서 convert_arrayToUint16Array 부분을 보세요.
var u16a=convert_arrayToUint16Array(<instance_of_Float32Array>)
var internalPixelFormat=(ISWEBGL2)?GL.RGBA16F:GL.RGBA
GL.texImage2D(GL.TEXTURE_2D, 0, internalPixelFormat,
              <width>, <height>,
              0, GL.RGBA, GL.HALF_FLOAT, u16a)
```

CPU에서 연산 결과 얻기

GPU가 100% 작업을 하지 않는다면 어느 시점에 자바스크립트로 연산 데이터를 되돌려야 합니다. 이 작업은 속도는 느리게, 그리고 가능한 한 최소한으로 수행해야 합니다. 기본 프레임버퍼(<canvas> 요소에 표시됨)로 렌더링한 후에 GL.readPixels 메서드로 사용하여 픽셀을 읽습니다. 사각형 영역의 픽셀의 인터리브(interleaved) RGBA 값으로 자바스크립트 Uint8Array 입력을 채웁니다. CPU와 GPU 간의 강제 동기화로 인해 속도가 낮아집니다. 사용 전에 preserveDrawingBuffer:true인 WebGL 콘텍스트를 생성해야 합니다.

8bit로 인코딩된 값을 읽는 것은 간단합니다. 프래그먼트 셰이더는 텍스처 값을 gl_FragColor에 복사하여 텍스처를 렌더링합니다. 그런 후에 GL.readPixel로 프레임버퍼 값을 읽습니다. 그러나 부동소수점 값 텍스처의 경우는 복잡합니다. 특정 프래그먼트 셰이더를 따로 만들어 각 부동소수점 값을 여러 8bit 압축한 후에 시차를 둔 뷰포트로 여러 렌더링을 처리하고, 하나의 GL.readPixels 드로우콜로 렌더링한 후에 자바스크립트 Uint8Array 배열을 부동소수점으로 채웁니다.

셰이더에서 부동소수점을 8bit 색상 값으로 변경하는 부분은 깃허브 저장소에서 확인할 수 있습니다.

5.3 행렬 연산을 위한 텍스처와 셰이더

우리는 지금까지 숨가쁘게 WebGL GPGPU의 세계를 탐험했습니다. 이번 절에서는 WGLMatrix라는, 딥러닝을 위한 WebGL 선형대수 라이브러리를 구축해 보겠습니다. 이 라이브러리를 가지고 MNIST 데이터 세트를 가지고 손글씨를 인식하는 간단한 신경망을 구현해 보겠습니다 선형대수 라이브러리 전체 코드는 깃허브 저장소 **chapter5/4_WGLMatrix**(https://git.io/Jedzf)에서 확인할 수 있습니다.

5.3.1 행렬의 덧셈

GLSL 내장 행렬 타입은 최대 4차원까지 지원하기 때문에 딥러닝 학습에 적합하지 않습니다. 행렬은 텍스처를 사용해 저장되므로 행렬 연산을 하는 셰이더를 만들어야 합니다. 각 텍셀은 행렬 항목이며, 텍스처는 행렬 크기와 동일한 해상도를 가집니다.

자바스크립트 배열로 행렬을 생성하면 RGBA 채널은 그 값을 채웁니다. 만약 한 개의 배열이라면 색상 채널을 채우기 위해 값이 네 번 복사됩니다. 행렬 덧셈 공통 연산은 각 RGBA 채널을 개별적으로 처리합니다. 4개의 각기 다른 행렬을 4번 처리하는 것과 같습니다.

행렬 덧셈 프래그먼트 셰이더는 행렬 크기에 의존하지 않습니다. 다음은 GLSL 코드입니다.

```
void main(void){
  vec2 uv = gl_FragCoord.xy / resolution
  vec4 matAValue = texture2D(samplerTexture0, uv)
  vec4 matBValue = texture2D(samplerTexture1, uv)
  gl_FragColor = matAValue + matBValue
}
```

5.3.2 행렬의 곱셈

행렬 덧셈 셰이더와는 달리, 행렬 곱셈 셰이더는 for 루프를 사용하여 첫 번째 행렬의 행을 반복하고 동시에 두 번째 행렬의 열을 반복합니다. WebGL1에서는 조건에 상수가 아닌 값을 사용할 수 없습니다. GLSL 유니폼 값 또는 이전 계산 결과도 마찬가지입니다. 따라서 행렬 곱셈 공통 차원당 하나의 셰이더 프로그램을 컴파일해야 합니다. 예를 들어, (n, 10) 행렬과 (10, m) 행렬 간의 모든 곱셈에 사용할 수 있습니다.

```
// 첫 번째 요소와 연속된 두 텍셀 사이의 벡터 :
const vec2 DU = vec2(1. / 10., 0.)
// 두 번째 요소와 연속된 두 텍셀 사이의 벡터 :
const vec2 DV = vec2(0., 1. / 10.)

void main(void){
  vec2 uv = gl_FragCoord.xy / resolution; vec2 uvu = uv * vec2(1., 0.)
  vec2 uvv = uv * vec2(0., 1.)
  vec4 result = vec4(0., 0., 0., 0.)
  for (float i = 0.0; i < 10.0; i += 1.0) {
    result += texture2D(samplerTexture0, uvv + (i + 0.5) * DU)
    * texture2D(samplerTexture1, uvu + (i + 0.5) * DV)
  }
  gl_FragColor = result
}
```

픽셀의 중간점을 선택하기 위해 0.5에 i를 더했습니다. 그렇지 않으면 일부 특정 행렬 크기에 대해 반올림 오류가 발생할 수 있습니다. WebGL2에서 상수가 아닌 반복 조건문이 구현되었습니다. 하지만 상업용 애플리케이션 대상 WebGL2는 이 기능을 지원하지 않고 있습니다.[15] 따라서 WebGL2에서 작동하는 WebGL1 셰이더를 빌드해야 합니다.

행렬 곱셈과 덧셈을 동시에 해야 할 때가 있습니다. 예를 들어, 신경망층 입력 X에 가중치 행렬 W를 곱한 후에 바이어스 B를 더해 입력 Z를 계산하는 일입니다($Z = WX + B$).

특정 셰이더를 컴파일해 이 연산을 수행하는데, 이를 **FMA(Fused Multiply-Accumulate)**라고 합니다. FMA는 일부 렌더를 텍스처 패스로 저장합니다.

행렬 라이브러리인 **WGLMatrix**는 덧셈과 곱셈 연산과 FMA 셰이더의 딕셔너리를 관리합니다. 차원이 같은 두 행렬을 처리하려면 딕셔너리로부터 셰이더 프로그램을 가져와 사용하기만 하면 됩니다. 그렇지 않으면 새로운 차원의 셰이더 프로그램이 컴파일되어 딕셔너리에 추가됩니다.

---

15 (옮긴이) webglstats.com에 따르면, 2019년 8월 현재 WebGL2 지원 비율은 약 54%입니다.

5.3.3 활성화 함수

활성화 함수를 사용할 때는 별도 셰이더를 사용해야 합니다. 특히, 활성화 함수가 지수 또는 로그를 포함한다면 부동소수점 스페셜을 주의해야 합니다. 다음의 예제는 시그모이드 활성화 함수가 적용된 셰이더입니다.

```
const vec4 ONE = vec4(1., 1., 1., 1.)
void main(void) {
  vec2 uv uv = gl_FragCoord.xy / resolution
  vec4 x = texture2D(samplerTexture0, uv)
  vec4 y
  y = 1. / (ONE + exp(-x))
  gl_FragColor = y
}
```

많은 활성화 함수가 행렬에 적용될 수 있으므로 라이브러리 외부에서 사용자 정의 셰이더를 컴파일하기 위해 WGLMatrix에서 공용 메서드를 설정합니다.

5.3.4 WGLMatrix 메서드

먼저, 각 행렬이 준비되어야 합니다. 행렬 m, v, n을 배열로 바꿉니다.

```
// 3*3 행렬을 인코딩
// | 0  1  2 |
// | 3  4  5 |
// | 6  7  8 |
var M = newWGLMatrix.Matrix(3, 3, [0, 1, 2, 3, 4, 5, 6, 7, 8])
// V는 벡터 열입니다.
var V = new WGLMatrix.Matrix(3, 1, [1, 2, 3])
var W = new WGLMatrix.MatrixZero(3, 1)
```

수학적으로 벡터와 행렬의 차이는 없습니다. 초기화 후에는 행렬에 연산을 적용할 수 있습니다. 행렬 A에서 연산 OPERATION을 실행합니다.

```
A.OPERATION(arguments..., R)
```

R은 결과가 들어갈 행렬입니다. 동시에 텍스처를 읽고 렌더링할 수 없으므로 연산의 결과를 모든 행렬에 저장할 수 없습니다. 항상 연산은 결과 행렬 R을 반환합니다.

예를 들어, W = M*V 연산은 다음과 같이 할 수 있습니다.

```
M.multiply(V, W)
```

W 행렬을 반환합니다. 다음을 실행하여 사용자 정의 요소 작업을 선언할 수 있습니다.

```
WGLMatrix.addFunction("y=cos(x);", "COS")
```

첫 번째 인수는 사전 정의된 vec4 x에서 vec4 y로 변환하는 GLSL입니다. 두 번째 인수는 함수의 사용자 정의 식별자입니다. 그리고서 행렬 M의 모든 요소에 적용합니다. (M.apply('COS', R)에 해당되며, R은 결과를 받는 행렬입니다.)

5.4 손글씨 인식 애플리케이션

신경망을 훈련하고 실행하는 데 필요한 모든 행렬 연산을 구현하기 위해 **WGLMatrix**에 몇 가지 계산 방법을 추가했습니다. 무효 연산을 방지하기 위해 행렬의 차원 검증을 추가했습니다.

5.4.1 데이터 인코딩

데이터 세트는 숫자 이미지와 예상 출력을 인코딩하는 입력 벡터로 GPU에 로드됩니다. 그래픽 메모리의 대부분을 사용합니다. 이 데이터는 16bit나 32bit 정밀도로 저장될 필요가 없습니다. 입력 이미지가 채널당 8bit로 이미 인코딩되고 출력 벡터가 이진이기 때문에 8bit 정밀도로도 충분합니다. 우리는 **WGLMatrix** 라이브러리에 8bit의 정밀도 지원을 추가했습니다.

데이터 세트 로딩은 mnist_loader.js 스크립트를 사용하여 수행됩니다. 50행에서 우리는 인덱스에 따라 교육 또는 테스트 데이터 세트에 새로운 [X, Y] 쌍을 추가합니다.

```
targetData.push([
    new WGLMatrix.Matrix(784, 1, learningInputVector) // X
    new WGLMatrix.Matrix(10, 1, learningOutputVector) // Y
])
```

이 단계가 끝나면 전체 데이터 세트가 그래픽 메모리에 텍스처로 로드됩니다.

5.4.2 메모리 최적화

사용 가능한 메모리보다 더 많은 메모리를 할당하면 WebGL 콘텍스트가 종료되고 애플리케이션이 충돌하기 때문에 필요한 그래픽 메모리 양을 대략적으로 알고 있어야 합니다. 본 예제에서 사용된 이미지는 총 6만 장이므로 총 텍셀 수는 $60000 \times 28 \times 28 \approx 47e6$이 됩니다. 각 텍셀은 RGBA 채널에 저장되며, 각 색상 채널은 8bit(=1byte)를 사용해 인코딩됩니다. 입력 벡터는 $47e6 \times 4 \times 1=188e6byte$로 약 200MB입니다. 출력 벡터는 $60000 \times 10 \times 4 \times 1 \approx 2.4e6$이므로 2.4MB가 필요합니다.

그러나 GPU는 텍스처를 원시 픽셀 형식으로 저장하지 않습니다. 각 텍셀은 2D 이웃에 따라 인코딩되므로 에지 효과에 탁월합니다. 본 예제는 200MB의 그래픽 메모리를 사용하는 대신, 전체 이미지 데이터 세트에 거의 4GB 그래픽 메모리가 필요합니다.

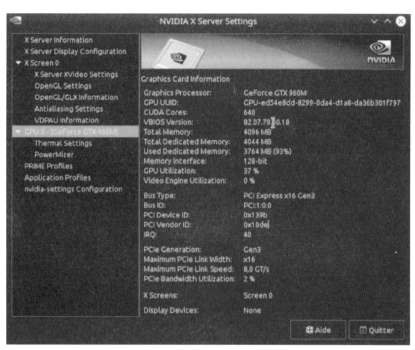

그림 5-12 **엔비디아 GPU 설정 화면**

그림 5-12는 엔비디아 GPU 설정 화면으로, 여기서 GPU 메모리 및 점유율을 모니터링할 수 있습니다. 전체 MNIST 데이터 세트를 로딩한 후에는 그래픽 메모리의 93%가 사용되는 것을 볼 수 있습니다.

입력 벡터의 모양을 (784, 1)에서 (28, 28)로 변경하더라도 지원 텍스처의 픽셀 수 (784*1 = 28*28)가 동일하므로 원시 메모리 크기가 동일합니다. 그러나 전체 MNIST 데이터 세트가 280MB의 그래픽 메모리만 차지하므로 10배 이상 줄이는 결과를 얻을 수 있습니다. 사실, 텍셀에 완전한 2D 이웃이 없으므로 (784, 1) 입력 벡터와 같은 1픽셀 너비인 텍스처는 효율적으로 저장되지 않습니다. 정사각형 텍스처가 차지하는 메모리는 메모리가 페이지 매김(또는 분할할 수 없는 블록으로 나누어짐)되기 때문에 여전히 이론 값보다 높으며, 텍스처가 작기 때문에 에지 효과(edge effect)[16]가 여전히 남아 있습니다.

---

16 옮긴이 에지 효과는 글자 또는 그림에 흑색 또는 백색 외곽선을 첨가함으로써 목적 대상을 보다 강조하는 효과입니다.

GPU 텍스처 압축을 최적화하려면 다음을 수행해야 합니다.

- 가능한 한 정사각형에 가까운 텍스처를 사용합니다.
- 여러 텍스처를 큰 텍스처로 그룹화합니다. 이를 텍스처 아틀라스(texture atlases)라고 합니다. 한 장에 모아 놓음으로써 메모리 부하도 줄일 수 있습니다.

아주 큰 정사각형 텍스처를 몇 개만 할당한다면 에지 효과가 없어지며, 듬성듬성 비어 있는 메모리 블록도 거의 없어지게 됩니다. 실제 점유 메모리 크기는 이론값에 가까워집니다. 본 예제에서는 메모리 최적화를 고려하지 않고 인코딩된 행렬의 크기와 동일한 해상도를 사용합니다.

5.4.3 피드포워드

다음은 깃허브 저장소 내 **network.js**(https://git.io/JedzU) 파일에 있는 시그모이드 활성화 함수 선언 코드입니다.

```
self.feedforward = function(a) {
  // 'a'가 입력되면 네트워크 출력을 반환합니다.
  for (var i = 0, inp = a; i < self._nConnections; ++i) {
    // 입력에서 출력층으로 WI+B를 계산하고 그 결과를 _z에 저장합니다.
    self.weights[i].fma(inp, self.biases[i], self._z[i])

    // actFunc를 _z에 적용하고 결과를 _y에 저장합니다.
    self._z[i].apply("ACTIVATION", self._y[i])

    // 다음 반복에 대한 입력을 설정합니다.
    inp = self._y[i]
  }
  return inp
}
```

5.4.4 첫 번째 시도

예제 코드에서는 파이썬과 넘파이로 작성한 MNIST 분류자를 자바스크립트와 WGLMatrix로 코드 변환했습니다. 전체 코드는 **chapter5/5_MNIST**(https://git.io/JedzT)에서 볼 수 있습니다. 예제는 마이클 닐슨(Michael Nielsen)의《Neural Networks and Deep Learning(신경망과 딥러닝)》의 1장(http://neuralnetworksanddeeplearning.com/chap1.html)에 기초해 작성됐습니다. 뉴런층은 총 세 개로, 아키텍처는 간단합니다.

- 입력층은 784개 유닛(28×28픽셀 digit인 이미지를 가짐)이 있습니다.
- 30개 뉴런을 가진 은닉층 1개가 있습니다.
- 출력층은 숫자 분류(digit)당 10개 뉴런을 가집니다.

시그모이드 활성화 함수를 사용하고, 미니배치당 8개의 샘플로 30에포크, 학습률은 3.0입니다. 학습 데이터 세트는 5만 개의 샘플이, 테스트 데이터 세트에는 1만 개의 샘플이 있습니다. 최고 성공률은 27에포크이며, 95.42%입니다.

- 파이썬과 넘파이 구현 시(Python = 2.7.12, CPU = Intel Core i7-4720HQ): 318초
- 자바스크립트와 WebGL 구현 시(Chrome = 65, GPU = Nvidia GTX960M): 942초

넘파이 행렬 연산은 **BLAS** 또는 **LAPACK** 등 저수준 선형대수 라이브러리를 사용합니다. 또한, SIMD 명령어와 같은 선형대수학 고급 기능을 사용해 CPU를 매우 효율적으로 사용합니다. 원시 파이썬 함수로 작성한 것보다 성능이 더 빠릅니다. 하지만 이 사항은 본 예제에 적합하지 않습니다. 약간만 개선하면 넘파이 구현을 능가할 수 있습니다.

5.4.5 성능 향상

깃허브 저장소 **chapter5/6_MNISTimproved**(https://git.io/Jedzl)에서 개선된 MNIST 데이터 세트 버전을 확인할 수 있습니다.

이전 구현에서 RGBA 채널을 전혀 사용하지 않았습니다. 불필요한 연산이 4개 채널에 일어나기 때문입니다. 4개의 입력 벡터를 병렬로 처리하기 위해 개별적으로 사용했습니다. 미니배치 크기가 4의 배수(앞의 예제에서는 8)이기 때문에 가능합니다. 데이터를 테스트하기 위해 RGBA 채널을 통해 다중화하여 각 입력/출력 벡터를 하나의 입력/출력 벡터로 묶습니다. WebGL을 실행하면 942초에서 282초로 속도가 빨라집니다. 이는 파이썬과 넘파이보다 훨씬 빠릅니다.

그러나 텍스처 인코딩 행렬이 너무 작기 때문에 GPU 사용률은 약 30%에 불과합니다. 실제로 GPU 컴퓨팅 유닛의 수보다 작은 텍스처로 렌더링하면 병목 현상이 발생합니다. 일부 컴퓨팅 유닛은 유휴 상태를 유지합니다. 그 때문에 더 큰 텍스처로 렌더링해야 합니다. 이 문제의 해결 방법은 다음과 같습니다.

- 하나의 텍스처에 여러 개의 미니배치 샘플 파라미터를 그룹화합니다. 이를 텍스처 공간 다중화(texture spatial multiplexing)[17]라고 합니다. 이를 통해 학습 속도가 향상되지만, 네트워크 효율성은 향상되지 않습니다.
- 우리는 층당 뉴런의 수를 늘릴 수 있습니다. 핵심 아이디어는 신경망 구조를 하드웨어 아키텍처에 적용하는 것입니다. 예제에서는 이 방법을 선택했습니다.

또 다른 네트워크가 MNIST 데이터 세트를 배우는 것으로 간주했습니다.

- 입력층은 784개 유닛(28×28픽셀 digit인 이미지를 가짐)이 있습니다.
- 각 256개, 64개의 뉴런을 가진 은닉층 2개가 있습니다.
- 출력층은 숫자 분류(digit)당 10개의 뉴런을 가집니다.

학습률이 1.0, 미니배치당 8개의 샘플을 사용해 20에포크로 훈련시켰습니다. 이제 GPU 사용률은 평균 65%입니다. 실행 시간은 334초이며, 파이썬과 넘파이 구현 실행 시간은 1,635초입니다.

(테스트 데이터에서 최고 성공률은 18에포크, 96.45%입니다) 이처럼 속도가 5배가 더 빨리 개선되었습니다. 은닉층 크기를 높여 GPU 사용률을 100%까지 높여 더 집중적으로 사용할 수 있습니다. GPU 사용률을 높이면 성능 비율은 높아지지만, 오버피팅 문제로 테스트 데이터 결과가 좋지 못할 것입니다. 문제 해결을 위해 정규화나 드롭아웃 알고리즘이 필요합니다.

저가형 GPU(노트북에서 내장형 그래픽 카드로 널리 사용되는 Intel HD 4600 기준)라도 학습

---

17 (옮긴이) 공간 분리된 다수의 물리적인 채널들을 통해(Spatial Channel, Multipath Channel) 여러 독립된 데이터 스트림들을 동시에 전송함으로써(Spatial Stream) 마치 하나의 논리 채널로 다중화시켜 전송 용량 증대 효과를 얻는 방법입니다(Spatial Multiplexing).

시간은 587초가 소요됩니다. CPU보다 약 3배 더 빠릅니다.

5.5 정리

두 개의 삼각형을 그려 뷰포트를 채우면서 WebGL에 대해 알아보았습니다. 사실, WebGL 학습은 진입 장벽이 높고 배우기 쉽지 않습니다. WebGL은 많은 코드를 작성하고 렌더링하기 전에 여러 가지 다른 객체를 만들어야 하기에 부담이 됩니다. 더 많은 연습을 통해 논리적으로 풀어나갈 수 있을 것입니다. 처음 WebGL로 도형을 그려본다면 그 이후에는 더 빨리 학습할 수 있을 것입니다.

이후 WebGL을 사용해 아름다운 망델브로 프랙탈을 그려봤습니다. 병렬 픽셀 색상을 계산했고, 각 픽셀이 상당히 많은 연산을 필요로 함에도 렌더링 속도는 빨랐습니다. WebGL의 연산 가속화 성능이 있음을 알게 되었습니다. 우리는 연산 결과를 직접 표시하지 않고 다음 단계에서 사용하기 위해 텍스처 렌더링(render to texture)을 구현했습니다. 그리고 첫 번째 WebGL 시뮬레이션인 라이프 게임을 실습했습니다.

부동소수점 계산 문제도 해결해 봤습니다. WebGL은 RGB 색상 값을 구성 요소당 8bit 이상으로 인코딩할 필요가 없습니다. 애초에 정밀도가 낮은 계산을 위해 설계되었습니다. 따라서 하드웨어 기능과 WebGL 버전에 따라 몇 가지 실행 경로를 고려해야 합니다. 이 새로운 노하우를 적용하여 이전 시뮬레이션을 열 확산 시뮬레이션으로 변형하여 이산 파라미터 대신 물리적 연속 변수를 처리했습니다.

부동소수점 값 행렬 연산을 처리할 수 있는 자체 선형대수 라이브러리를 구축했습니다. MNIST 데이터 세트를 사용하여 손으로 쓴 숫자 인식을 사용하여 테스트에 적용했습니다. 최적화를 통해 파이썬과 넘파이로 구현한 것보다 속도가 더 빠르게 향상되었습니다.

이번 장을 통해 실시간 하드웨어 가속 렌더링의 무궁무진한 세계를 향한 첫 도전이 되기를 바랍니다. 기존 WebGL 구현을 개선하거나 커스터마이징된 WebGL을 개발하는 데 유용할 것입니다. 아직 소프트웨어 오버레이가 WebGL보다 더 많이 사용되더라도 기본 메커니즘을 이해하지 않으면 올바르게 최적화하거나 기능을 효율적으로 추가할 수 없습니다.

다음 장에서는 URL에서 이미지 데이터를 로드하거나, 웹캠에서 프레임을 파싱하거나, 마이크에서 데이터를 파싱하는 등 브라우저에서 데이터를 추출하는 방법을 살펴보겠습니다.

6

웹브라우저에서의 데이터 추출

제가 웹브라우저에서 신경망을 실행하는 것을 좋아하는 두 가지 이유가 있습니다. 첫 번째는 웹브라우저의 API를 사용해 학습과 테스트를 위해 모델에 데이터를 입력하는 기능을 지원하는 것이며, 두 번째는 학습 과정과 활성화 함수, 필터, 모델 구조 등 모델의 결과를 표현할 수 있다는 것입니다. 최신 웹브라우저는 이 모든 기능을 지원하며 구현도 쉽습니다.

학습된 신경망을 보여주는 가장 좋은 방법은 사용자가 웹브라우저에서 샘플 데이터를 직접 생성해 네트워크에 공급하여 모델과 상호 작용할 수 있도록 하는 것입니다. 최신 웹브라우저의 웹캠에서 이미지 캡처, 캔버스에서 스케치 그리기 또는 내장 마이크로 오디오 녹음 등을 통해 사용자와 상호 작용이 가능합니다.

웹브라우저에서 사전 훈련된 모델을 평가하는 것 외에도 웹캠에서 훈련된 이미지를 사용해 제스처 분류기를 교육하거나, 학습 샘플을 캔버스에 그리거나, 간단한 음성 인식 네트워크를 구축하여 MNIST와 유사한 모델을 학습할 수도 있습니다.

이번 장에서는 이미지 데이터 로딩, 추출 및 조작 방법에 관해 설명합니다. 이미지 데이터와 모든 2차원 데이터를 화면에 렌더링하는 방법을 배웁니다. 원본 이미지 위에 도형을 그려 보고 이미지 블렌딩을 처리해 보면서 객체 바운딩 박스(object bounding box) 시각화를 해보겠습니다.

또한, 웹캠이나 내장 카메라로 비디오 데이터나 이미지를 인코딩하는 방법을 설명합니다. 마이크에서 원시(raw) 데이터도 추출해 볼 것입니다. 마지막으로, 오디오 파일과 출력 사운드를 스피커에 로드하고 디코딩해 볼 것입니다.

마지막 절에서는 TensorFlow.js, Keras.js 및 WebDNN 등 웹브라우저를 위한 딥러닝 프레임워크의 데이터 검색 및 조작 기능을 살펴봅니다. 데이터 로딩, 이미지 조작 및 데이터 변환을 해 주는 유용한 API 및 유틸리티 도구를 다뤄 봅니다.

6.1 이미지 데이터 로딩

자바스크립트에서 이미지를 로딩하는 과정은 웹브라우저에서 훈련된 신경망을 인터랙티브하게 다룰 수 있는 쉬운 기술 중 하나입니다. 이미지가 학습 데이터라면 이미지의 픽셀값을 미리 추출해야 합니다.

이번 절에서는 Canvas API를 사용해 이미지에서 RGBA 픽셀 데이터를 추출하는 방법을 알아봅니다. DOM 요소에서 이미지 데이터를 로드하는 것이 아니라 URL에서 이미지 데이터를 불러옵니다. 자바스크립트에서 원격 리소스를 가져올 때 cross-origin 보안 정책을 이해해야 합니다. 이번 절 후반부에서는 네트워크에서 바이너리 블랍(blob)을 가져와 형식화 배열로 변환하는 방법을 살펴보겠습니다.

6.1.1 이미지에서 픽셀 추출하기

HTML 이미지 태그를 정의하여 로컬 이미지를 DOM에 로드해 봅시다.

```
<img src="data/cat.jpeg" id="img"/>
```

document.getElementById('img')로 image 요소에 액세스할 수 있습니다. HTMLImageElement 이미지 요소는 해당 픽셀값을 추출하는 API를 제공하지 않습니다. 전역 document 객체는 물론 많은 웹 API는 브라우저에서만 사용할 수 있으며, DOM 객체가 없는 Node.js와 같은 자바스크립트 런타임에서는 사용할 수 없습니다.

최신 웹브라우저는 픽셀 그래픽을 프로그래밍 방식으로 화면에 그리는 데 사용할 수 있는 Canvas API를 제공합니다. 이 API를 사용하여 이미지 요소에서 픽셀값을 추출할 수 있습니다. 캔버스 요소에서 데이터를 추출하려면 먼저 캔버스 콘텍스트를 만들어야 합니다. 이 콘텍스트 내에서 이미지 내용을 캔버스에 그리고 연속적으로 캔버스 픽셀 데이터에 액세스하여 반환할 수 있습니다. **MDN(Mozilla Developer Network, 모질라 개발자 네트워크)** 홈페이지에서 Canvas API의 스타일, 색상, 애니메이션, 픽셀 조작 및 최적화 방법과 예제들을 확인할 수 있습니다.

이제 함수를 선언해 봅시다.

```
function loadRgbaDataFromImage(img) {
  // canvas 요소를 생성합니다.
  const canvas = document.createElement("canvas")

  // 캔버스 크기를 이미지 크기로 설정합니다.
  canvas.width = img.width
  canvas.height = img.height

  // 2D 렌더링 콘텍스트를 만듭니다.
  const ctx = canvas.getContext("2d")

  // 0,0 좌표(왼쪽, 위)에서 이미지를 캔버스 콘텍스트로 렌더링합니다.
  ctx.drawImage(img, 0, 0, img.width, img.height)

  // 이미지 데이터를 추출합니다.
  const imgData = ctx.getImageData(0, 0, canvas.width, canvas.height)

  // 이미지 데이터를 int32로 변환합니다.
  return new Int32Array(imgData.data)
}
```

앞의 코드에서 getImageData() 메서드는 width, height 및 data 속성을 가진 ImageData 타입을 반환합니다. data 속성은 픽셀값을 Uint8ClampedArray 형식화 배열로 저장합니다. 딥러닝 알고리즘과 프레임워크에 이미지 데이터를 사용할 때는 이 배열을 int32 타입으로 변환할 것입니다.

이제 이미지가 로드되면 함수를 호출하겠습니다. 비동기적으로 이미지가 로드됩니다. 따라서 이미지가 완전히 로드되고 onload 이벤트가 발생한 후에 픽셀값을 추출할 수 있습니다.

```
const img = document.getElementById("img")
img.onload = () => {
  const data = loadRgbaDataFromImage(img)
  // Int32Array(40000) [255, 255, 255, 254, ...]
}
```

위 함수는 원본 이미지의 RGBA 픽셀값을 [0, 255] 범위의 크기(높이, 너비, 채널)의 평면 배열로 반환합니다.

6.1.2 원격 리소스 로드하기

사용자가 url 파라미터를 지정해 외부에 있는 이미지를 가져온다고 해봅시다. 이 방법은 콘텐츠가 다른 소스에서 실행될 수 있어 보안에 큰 위험이 있습니다. 보안상의 이유로 웹브라우저는 동일한 도메인 이외에 다른 도메인, 프로토콜, 포트 등 크로스사이트(cross-site) 요청을 자동으로 차단합니다.

CORS(Cross-Origin Resource Sharing, 교차 도메인 리소스 공유)[1]는 최신 웹 브라우저의 보안 기능으로 웹 브라우저가 외부 웹 사이트 또는 서비스를 요청할 수 있을지를 결정하는 정책입니다. 다음과 같이 <img> 엘리먼트는 crossOrigin 속성을 익명(anonymous)으로 설정해 교차 사이트를 허용할 수 있습니다.

다음의 코드를 살펴보겠습니다. 다른 도메인에서 이미지를 로드하고 있습니다.

---

[1] (옮긴이) MDN의 'HTTP 접근 제어(CORS)'에서 CORS 액세스 제어, 헤더 및 이미지 속성에 대한 자세한 정보를 찾을 수 있습니다. https://developer.mozilla.org/ko/docs/Web/HTTP/Access_control_CORS

```
<img src="https://../cat.jpeg" crossOrigin="anonymous" id="img"/>
```

<img> 요소가 이미 정의되었다면 사용할 수 있습니다. 자바스크립트에서도 비동기 메서드 Promise()로 이미지 객체를 만들 수 있습니다. Promise는 콜백 함수 대신에 완료(resolved) 또는 실패(rejected) 상태로 처리합니다.

Image 객체를 만들고, crossOrigin 정책을 설정하고, 이미지 리소스를 불러오는 Promise를 반환하는 함수를 만들어 보겠습니다.

```
function loadImage(url) {
  return new Promise((resolve, reject) => {
    const img = new Image()
    img.crossOrigin = "anonymous"
    img.src = url
    img.onload = () => resolve(img)
    img.onerror = reject
  })
}
```

loadImage() 함수를 사용해 원격 리소스에서 이미지를 로드하고, 이전 절에서 만들었던 loadRgbaData-FromImage() 함수를 사용해 이미지의 RGBA 픽셀값을 추출할 수 있습니다. 리소스가 로드될 때 Promise의 .then() 메서드를 사용해 비동기로 해결할 수 있습니다.

```
const url = "https://foo.bar/cat.jpeg"
loadImage(url).then(img => {
  const data = loadRgbaDataFromImage(img)
  console.log(data)
  // Int32Array(40000) [255, 255, 255, 254, ...]
})
```

async/await[2] 구문을 사용하면 .then()을 중첩하지 않고 Promise를 작성할 수 있습니다. await 키워드는 비동기 함수에서만 사용할 수 있으며, 전체 실행 블록을 감싸야 합니다. 지금 예제는 간단하지만 여러 await 문이 사용될 때 유용합니다.

---

2 (옮긴이) MDN의 'async function 표현식'을 참고하세요. https://developer.mozilla.org/ko/docs/Web/JavaScript/Reference/Operators/async_function

```
(async function() {
  const url = "https://../cat.jpeg"
  const img = await loadImage(url)
  const data = loadRgbaDataFromImage(img)
})()
```

다만, 지금은 코드를 간결하게 유지하기 위해 자체 실행하는 async 함수를 사용하지 않겠습니다.

6.1.3 이진 블랍 가져오기

대부분의 딥러닝 프레임워크는 데이터 세트, 모델 가중치, 활성화 함수 등에 대한 대용량의 **이진 블랍**(binary blobs)을 생성합니다. 자바스크립트는 형식화 배열 및 배열 버퍼를 기본적으로 지원합니다. 따라서 데이터 구조로 인해 브라우저에서 이진 데이터로 작업하기 매우 편리합니다.

데이터가 자바스크립트 호환 데이터 유형(예: int8, int16, int32, float32 또는 float64)의 이진 블랍으로 변형될 수 있으면 ArrayBuffer와 TypedArray 객체를 사용해 자바스크립트 내에서 쉽게 로드될 수 있습니다. 이진 블랍과 ArrayBuffer로 형식화 배열로 처리하는 주된 이유는 자바스크립트가 데이터를 파싱할 필요가 없습니다. 특히, 대용량의 파일이나 높은 모델 가중치를 로드한다면 CSV나 JSON 파일을 사용하는 것보다 훨씬 더 나은 방법입니다.

다음의 파이썬/넘파이 예제 코드를 보고 어떻게 작동하는지 살펴보겠습니다. 무작위 데이터 배열을 생성한 후에 디스크에 이진 파일로 전달했습니다.

```
import numpy as np

filename = "data/rand.bin"

# 랜덤값을 가진 배열을 생성합니다.
r = np.random.rand(100, 100)

# 파일을 저장합니다.
with open(filename, 'wb') as f:
```

```
    f.write(r.astype(np.float32).tostring())
```

이제 이진 블롭 rand.bin을 가지고 있으며, 이를 배열 버퍼로 가져오는 함수를 만듭니다.

```
async function loadBinaryDataFromUrl(url) {
  const req = new Request(url)
  const res = await fetch(req)

  if (!res.ok) {
    throw Error(res.statusText)
  }

  // 배열 버퍼를 반환합니다.
  return res.arrayBuffer()
}
```

함수 본문에 await를 사용하기 위해 async 키워드를 추가합니다. 함수 실행 전에
fetch 프로미스가 해결될 때까지 기다립니다. 이후 HTTP 요청으로부터 받은 응답을
arrayBuffer() 메서드로 배열 버퍼로 변환했습니다.

마지막으로, 위의 함수를 사용하여 rand.bin 데이터를 로드하고 배열 버퍼를 원래 데
이터 유형으로 다시 변환할 수 있습니다. 원래 배열 차원을 알고 있다면 이전 절에서
만든 renderData 함수를 사용해 블롭을 시각화할 수 있습니다.

```
const size = 100
const buf = await loadBinaryDataFromUrl("data/rand.bin")
const data = new Float32Array(buf)

renderData(document.body, data, size, size, false)
```

6.2 픽셀 데이터를 화면에 렌더링하기

딥러닝 모델의 모든 개발, 디버깅, 학습 및 평가 프로세스에서 중요한 단계는 결과를
화면에 시각화하는 것입니다. 계층 활성화 및 필터 가중치를 시각화하면 학습 시 오류

를 쉽게 발견할 수 있습니다. 또한 학습 진행 상황, 클래스 스코어, 단일 입력 픽셀의 수용 영역 등을 시각화하면 네트워크 성능을 파악하기가 보다 쉬워집니다. 시각화를 통해 즉각적인 통찰력과 근거를 추론할 수 있습니다.

2018년에 구글이 발표한 '해석 가능성의 빌딩 블록으로 확장 가능(The Building Blocks of Interpretability, https://distill.pub/2018/building-blocks/)'은 딥러닝 시각화 가능성을 보여줬습니다. 이러한 시각화를 보고 영감을 받아 데이터를 캔버스에 렌더링하는 기술을 배우고 습득하길 바랍니다.

이번 절에서는 먼저 간단한 이미지 요소를 화면에 보여주는 방법을 배웁니다. 다음 단계에서는 픽셀 데이터를 컬러 이미지의 RGBA 또는 출력 활성화의 단일 레이어 또는 그레이스케일 이미지의 필터 가중치로 렌더링합니다. 또한, 세그먼트 맵을 표시하기 위해 이미지를 결합하는 방법과 바운딩 박스 시각화를 위해 기존 이미지 위에 도형을 그리는 방법을 설명합니다.

6.2.1 이미지 보여주기

그럼, 브라우저에서 이미지 요소를 렌더링을 해보는 것부터 시작하겠습니다. HTML ImageElement를 document.body와 같은 DOM의 요소에 추가하면 됩니다.

```
function renderImage(elem, img) {
  // 이미지 요소를 DOM에 추가합니다.
  elem.append(img)
  return img
}
```

위 함수와 이전 절에서 만든 loadImage 함수를 사용해 원격 리소스 내의 이미지를 로드하여 화면에 렌더링할 수 있습니다.

```
const url = "data/cat.jpeg"
const img = await loadImage(url)

renderImage(document.body, img)
```

6.2.2 픽셀 데이터를 캔버스에 렌더링하기

실제 픽셀 데이터를 화면에 렌더링하기 위한 약간 더 유용한 방법을 사용해 보겠습니다. 출력 활성화 또는 필터 가중치와 같은 데이터 덩어리를 시각화할 때 매우 유용한 방법입니다.

첫 번째 접근법에서는 데이터가 RGBA 형식(3D(높이, 너비, 채널), 범위 값이 [0, 255])이며, int32 타입으로 저장되는 것으로 간주합니다. 이 형식은 loadRgbaDataFromImage 함수에서 반환된 형식과 동일합니다.

RGBA 데이터를 렌더링하는 함수를 작성해 보겠습니다. 먼저, canvas 요소를 만들고 이미지 차원에 따른 치수를 지정합니다. 그런 다음, 콘텍스트 요소를 만들고 캔버스에 걸친 콘텍스트에서 이미지 데이터를 검색합니다. 그리고 Uint8ClampedArray로 값을 변환하여 이미지 데이터에 업데이트합니다. 마지막으로, 최종 이미지 데이터를 다시 캔버스에 업데이트하여 DOM에 추가합니다.

```
function renderRgbaData(elem, data, width, height, smooth) {
  // canvas 요소를 생성합니다.
  const canvas = document.createElement("canvas")
  canvas.width = width
  canvas.height = height

  // 2D 렌더링 콘텍스트를 생성합니다.
  const ctx = canvas.getContext("2d")

  // canvas에서 ImageData 객체를 가져옵니다.
  const img = ctx.getImageData(0, 0, width, height)

  // 픽셀값을 변환합니다.
  const vals = new Uint8ClampedArray(data)

  // 이미지 데이터에 값을 부여합니다.
  img.data.set(vals)

  // 이미지 데이터를 캔버스 콘텍스트에 씁니다.
  ctx.putImageData(img, 0, 0)

  // 자동 스무딩을 활성화/비활성화합니다.
  ctx.imageSmoothingEnabled = Boolean(smooth)
```

```
  // canvas 요소를 DOM에 추가합니다.
  elem.append(canvas)
  return canvas
}
```

위의 함수에서 캔버스 이미지를 부드럽게 하는 파라미터 smooth를 추가하겠습니다. 그러나 필터 활성화를 그릴 때 보간된 값이 아닌 실제 값이 필요합니다.

이제 위의 함수를 사용해 RGBA 데이터를 화면에 렌더링할 수 있습니다. 기존 이미지에서 RGBA를 검색하기 위해 loadImage 및 loadRgbaDataFromImage 두 함수를 사용합니다.

```
const url = "data/cat.jpeg"
const img = await loadImage(url)
const data = loadRgbaDataFromImage(img)

renderRgbaData(document.body, data, img.width, img.height)
```

위의 기능은 RGBA 데이터에 매우 효과적이지만 약간의 문제가 있습니다. 실제 필터 가중치와 출력 활성화는 3차원 이상의 채널로 구성되므로 일반적으로 각 채널을 그레이스케일 이미지로 개별적으로 시각화합니다.

위의 함수를 확장하여 그레이스케일 이미지를 렌더링하려면 '// 픽셀값을 변환합니다.' 주석 다음에 배열을 대체합니다. 적절한 차원과 데이터 형식을 사용해 배열 val을 만들어야 합니다. 그런 다음, 원래의 배열을 반복해 모든 RGB 채널에 그레이스케일 값을 적용합니다. 이 점을 제외하고 renderRgbaData와 비슷합니다.

```
function renderData(elem, data, width, height, smooth) {
  ...
  const alpha = 255
  const len = data.length * 4
  const vals = new Uint8ClampedArray(len)

  for (let x = 0; x < width; ++x) {
    for (let y = 0; y < height; ++y) {
```

```
    // 인덱스 위치를 계산합니다.
    let ix0 = y * width + x
    let ix1 = ix0 * 4

    // [0, 1]을 [255, 0]으로 변환합니다.
    let val = (1 - data[ix0]) * 255

    // 그레이스케일 이미지를 생성하기 위해 모든 RGB 채널에 값을 업데이트합니다.
    vals[ix1 + 0] = val   // R
    vals[ix1 + 1] = val   // G
    vals[ix1 + 2] = val   // B
    vals[ix1 + 3] = alpha // A
  }
 }
 ...
}
```

이 함수를 사용하여 이제 모든 2차원 데이터 블랍을 시각화할 수 있습니다.

```
const size = 8
const data = new Int32Array([
  0,0,0,0,0,0,0,0,
  0,0,0,0,0,0,0,0,
  0,0,0,0,0,0,0,0,
  1,1,1,1,1,1,1,1,
  1,1,1,1,1,1,1,1,
  0,0,0,0,0,0,0,0,
  0,0,0,0,0,0,0,0,
  0,0,0,0,0,0,0,0,
])

renderRgbaData(document.body, data, img.width, img.height)
```

6.2.3 이미지 데이터 보간

세그먼테이션 맵 결과를 시각화하기 위해 원본과 세그멘테이션 마스크와 같은 두 개의
이미지를 혼합해야 합니다. 별도의 함수를 만들어 같은 차원의 두 배열 d0와 d1에 적
용해 보겠습니다. 파라미터 alpha는 alpha = 0이면 d0를 반환하고, alpha = 1이면
d1을 반환합니다. 모든 0과 1 사이의 값은 이미지 사이를 보간합니다.

```
function interpolateRgba(d0, d1, alpha, width, height, channels) {
  const out = new Uint8ClampedArray(d0.length)
  const a0 = 1 - alpha
  const a1 = alpha
  for (let x = 0; x < width; ++x) {
    for (let y = 0; y < height; ++y) {
      for (let c = 0; c < channels; ++c) {
        let ix = (y * width + x) * channels + c
        out[ix] = d0[ix] * a0 + d1[ix] * a1
      }
    }
  }
  return out
}
```

다음으로, 이미지 URL만으로 이미지 데이터를 바로 반환하는 loadRgbaDataFromUrl 함수를 만들겠습니다.

```
async function loadRgbaDataFromUrl(url) {
  const img = await loadImage(url)
  return loadRgbaDataFromImage(img)
}
```

이어서 renderRgbaData 함수를 확장하여 호출할 때마다 새 캔버스를 만들고 추가하는 대신, 기존 캔버스 요소에 렌더링하도록 만들겠습니다.

끝으로, 원본 이미지와 세그멘테이션 마스크를 불러와 두 이미지를 겹치게 만들고 마우스 커서가 원래 이미지 위로 이동하면 가려져 있는 뒤 이미지(오버레이)를 보여줄 수 있게 하겠습니다. 두 이미지가 canvas 요소 id가 scene에 있다고 가정합니다.

```
const width = 500
const height = 375
const channels = 4
const canvas = document.getElementById("scene")

const pixels = await loadRgbaDataFromUrl("data/bike.jpg")
const object = await loadRgbaDataFromUrl("data/bike_object.png")

// 보간된 오버레이 계산
```

```
const layover = interpolateRgba(pixels, object, 0.5, width, height, channels)

// 렌더링 초기화
renderRgbaData(canvas, pixels, width, height)

canvas.onmouseover = () => renderRgbaData(canvas, layover, width, height)
canvas.onmouseleave = () => renderRgbaData(canvas, pixels, width, height)
```

6.2.4 캔버스에 도형 그리기

지금까지 한 결과물을 시각화하려면 바운딩 박스(bounding box)와 같은 기하학적 도형을 캔버스에 오버레이로 렌더링해야 합니다. Canvas API를 사용해 쉽게 처리할 수 있습니다.

기존 캔버스 이미지 위에 직사각형 스트로크를 추가하는 함수를 만들어 보겠습니다. left, top, width, height 차원을 지정하고 ctx.rect()를 사용해 사각형을 그립니다. ctx.stroke()를 사용하여 사각형 윤곽선을 그리고 ctx.fill()로 배경색을 채웁니다.

```
function addRect(canvas, dims, color) {
  const ctx = canvas.getContext("2d")
  const left = dims[0]
  const top = dims[1]
  const width = dims[2]
  const height = dims[3]

  ctx.strokeStyle = color || "black"
  ctx.rect(left, top, width, height)
  ctx.stroke()
}
```

원 역시 비슷합니다. ctx.arc() 함수에 호(arc)의 파라미터 cx, cy, outerRadius, innerRadius, arcAngle을 정의합니다. cx와 cy는 원 중심점, outerRadius와 innerRadius는 도넛 내부와 외부 원 둘레의 반경, arcAngle은 호 세그먼트를 그리는 호의 끝 각도를 말합니다. 전체 원을 그릴 때는 innerRadius 기본값을 0으로 설정하고 arcAngle 값을 2 * Math.PI로 설정합니다.

```
function addCircle(canvas, dims, color) {
  const ctx = canvas.getContext("2d")
  const cx = dims[0]
  const cy = dims[1]
  const outerRadius = dims[2]
  const innerRadius = dims.length > 3 ? dims[3] : 0
  const arcAngle = dims.length > 4 ? dims[4] : 2 * Math.PI

  ctx.strokeStyle = color || "black"
  ctx.beginPath()
  ctx.arc(cx, cy, outerRadius, innerRadius, arcAngle)
  ctx.stroke()
}
```

이제 이 두 함수를 사용하여 바운딩 박스를 그리고 고양이 얼굴 주위에 원을 그리겠습니다.

```
const url = "data/cat.jpeg"
const img = await loadImage(url)
const data = loadRgbaDataFromImage(img)

const canvas1 = renderRgbaData(document.body, data, img.width, img.height)
addRect(canvas1, [70, 20, 100, 100], "green")

const canvas2 = renderRgbaData(document.body, data, img.width, img.height)
addCircle(canvas2, [120, 70, 50], "red")
```

MDN의 'CanvasRenderingContext2D(https://developer.mozilla.org/en-US/docs/Web/API/CanvasRenderingContext2D)'에서 캔버스 렌더링 콘텍스트로 그릴 수 있는 도형, 텍스트, 이미지에 대한 자세한 정보를 찾을 수 있습니다.

6.3 카메라, 마이크, 스피커 사용하기

딥러닝 웹 애플리케이션의 매력은 바로 다양한 미디어 API를 지원하기 때문에 이를 활용할 수 있다는 점입니다. 코드 몇 줄이면 웹캠을 이용한 동작 인식이나 내장 마이크를 이용한 음성 인식을 만들 수 있습니다.

이 절에서는 먼저 웹캠 또는 내장 카메라에 액세스해 비디오 스트림을 보여주고 이미지 데이터에 액세스하는 방법을 배웁니다. 버튼을 사용해 비디오의 이미지 스트림이나 단일 이미지에서 모델을 연속해서 실행할 수 있습니다. 다음으로, 입력 데이터를 딥러닝 학습 모델에 전달하기 위해 마이크에서 데이터를 추출하고, 마지막으로 WebAudio API를 사용하여 사운드 파일을 읽고, MP3, WAV 등의 일반적인 오디오 형식을 디코딩한 다음 장치 스피커에서 해당 사운드를 재생해 볼 것입니다.

6.3.1 웹캠에서 이미지 캡처하기

많은 딥러닝 학습 알고리즘과 애플리케이션은 이미지 및 비디오 프레임과 같은 2차원 데이터 세트를 사용합니다. 최신 브라우저와 대부분의 개인용 컴퓨터 및 모바일 장치는 카메라뿐만 아니라 자바스크립트로 카메라 이미지를 액세스할 수 있는 멋진 API를 제공합니다. 이를 활용해 인터랙티브한 딥러닝 애플리케이션을 만들 수 있습니다.

WebRTC API의 일부인 MediaDevices API를 통해 사용자는 카메라, 화면 공유, 마이크 및 스피커와 같은 비디오 및 오디오 장치에 액세스할 수 있습니다. WebRTC API는 중간 서버 없이 웹브라우저만으로 실시간 화상 통신을 구현할 수 있는 API로, 웹브라우저만으로 사용자 간 음성, 영상, 파일을 직접 주고받을 수 있습니다.

웹브라우저 사양에 따라 단일 탭에서만 WebRTC를 통해 카메라와 오디오에 액세스할 수 있습니다. 카메라 및 오디오 데이터의 민감성 때문에 WebRTC는 HTTPS 및 유효한 인증서를 통해서만 작동합니다. 그러나 대부분의 브라우저는 localhost를 허용합니다.

제일 먼저 MediaDevice API 중 getUserMedia() 메서드를 사용해 비디오 스트림을 시작하겠습니다. 이 함수는 MediaStream 객체가 포함된 Promise를 반환합니다.

```
navigator.mediaDevices.getUserMedia({ video: true, audio: false })
  .then((stream) => { ... })
```

MediaStream에서 데이터를 추출하려면 video 플레이어 요소에 스트림을 붙여야 합니다. 비디오 플레이어를 DOM에 추가하면 볼 수 있습니다.

```
const player = document.createElement("video")

// 비디오 플레이어를 표시하려면
// document.body.append(player)를 추가하세요.

navigator.mediaDevices
  .getUserMedia({ video: true, audio: false })
  .then(stream => {
    player.srcObject = stream
  })
```

마지막으로, 이전 절에서 `<img>`와 동일하게 `<video>` 요소 내용을 추출할 수 있습니다. 첫 번째 단계에서 이미지를 캔버스로 렌더링한 후에 두 번째 단계에서 `ImageData` 객체를 추출합니다.

```
function loadRgbaDataFromImage(img, width, height) {
  const canvas = document.createElement("canvas")
  canvas.width = width
  canvas.height = height
  const ctx = canvas.getContext("2d")
  ctx.drawImage(img, 0, 0, width, height)
  const imgData = ctx.getImageData(0, 0, width, height)
  return new Int32Array(imgData.data)
}

const width = 240
const height = 160
const data = loadRgbaDataFromImage(player, width, height)
```

canvas 대신 WebGL 내의 `video`를 사용해 직접 콘텐츠에 액세스할 수 있습니다. 이 경우 `WebGLRenderingConnection.textImage2D` 메서드로 `video` 요소를 2D 텍스처에 바인딩할 수 있습니다.

6.3.2 마이크로 오디오 레코딩하기

이전 절과 동일하게 MediaDevices API를 사용해 마이크에서 스트림에 액세스할 수 있습니다. 이번에는 `video` 요소에서 데이터를 처리하는 대신 WebAudio API를 사용합니다. WebAudio API는 매우 유연한 그래프 기반 오디오 처리 API로서 오디오 스트림,

프로세서는 물론 노드와 스피커 간에 오디오를 라우팅할 수 있습니다.

먼저, MediaDevices API의 getUserMedia() 메서드를 사용해 오디오 스트림을 가져오 겠습니다. 또한, 전역 오디오 콘텍스트를 AudioContext를 정의합니다.

```
const audioContext = new AudioContext()

function onStream() { ... }

navigator.mediaDevices.getUserMedia({ audio: true, video: false })
  .then(onStream)
```

다음으로, 입력(마이크 스트림), 간단한 프로세서 및 기본 출력으로 구성된 매우 간단한 오디오 그래프를 설정합니다. 오디오 버퍼 크기, 입출력 채널의 수를 포함하여 프로세 서의 속성을 정의합니다.

```
function onProcess() { ... }

const bufferSize = 4096; // 256, 512, 1024, 2048, 4096, 8192, 16384
const numInputChannels = 1
const numOutputChannels = 1

function onStream(stream) {
  const source = audioContext.createMediaStreamSource(stream)
  const processor = audioContext.createScriptProcessor(
    bufferSize, numInputChannels, numOutputChannels)

  // 프로세서를 소스에 연결합니다.
  source.connect(processor)

  // 출력을 프로세서에 연결합니다.
  processor.connect(audioContext.destination)
  processor.onaudioprocess = onProcess
}
```

앞의 코드에서 볼 수 있듯이, 모든 오디오 처리는 AudioContext API를 기반으로 하 는 오디오 그래프에서 수행됩니다. 오디오를 녹음하고 신경망에 전달하는 경우 오디오 그래프의 노드인 소스, 프로세서 및 대상이 필요하고 직렬로 연결했습니다. 그리고서 onProcess 함수가 실행됩니다.

```
function onProcess(e) {
  const data = e.inputBuffer.getChannelData(0)
  console.log(e.inputBuffer, data)
}
```

AudioBuffer.getChannelData() 메서드로 원본 오디오 데이터를 버퍼 사이즈 Float32
Array로 변환합니다. AudioBuffer 객체인 e.inputBuffer는 duration, sampleRate 및
numberOfChannels 속성을 제공합니다.

이제 추가 작업을 진행하거나 네트워크에 직접 전달할 수 있습니다. 버퍼 크기가 작은 오
디오라면 큰 배열을 만들고 배열 위치에 다른 오디오를 복사해 크기를 늘릴 수 있습니다.

6.3.3 사운드 파일의 로딩, 디코딩, 출력

WebAudio API와 AudioContext의 decodeAudioData() 메서드로 일반적인 오디오 형
식을 로드하고 디코딩을 할 수 있습니다. 예를 들어, MP3 파일을 로드해 신경망에 전
달할 수 있습니다.

다음의 예제는 이전 절에서 사운드 파일을 ArrayBuffer로 로드하기 위해 사용했던
loadBinaryDataFromUrl 함수를 재사용했습니다. AudioContext.decode
AudioData() 메서드는 HTML 브라우저의 오디오 및 비디오 태그에서 지원되는 모든
오디오 형식을 디코딩합니다. Promise로 AudioContext.decodeAudioData()를 매핑하
는 함수를 작성합니다.

```
const audioContext = new AudioContext()

function decodeAudio(data) {
  return new Promise((resolve, reject) => {
    // 지원되는 오디오 형식을 사용하여 배열 버퍼를 디코딩합니다.
    audioContext.decodeAudioData(data, buffer => resolve(buffer))
  })
}
```

위의 코드를 테스트하기 위해 버퍼에서 스피커로 오디오를 출력하는 오디오 그래프도
구현합니다.

```
function playSound(buffer) {
  const source = audioContext.createBufferSource()
  source.buffer = buffer
  source.connect(audioContext.destination)
  source.start(0)
}
```

마지막으로, 샘플 사운드를 로드해 스피커로 출력이 되는지를 테스트합니다.

```
<script>
  const url = "data/Large-dog-barks.mp3"
  const data = await loadBinaryDataFromUrl(url)
  const audio = await decodeAudio(data)

  playSound(audio)
</script>
```

위 코드 내의 **audio** 객체는 이전 절과 같이 AudioBuffer 타입입니다. AudioBuffer.
getChannelData() 메서드로 MP3 파일의 두 오디오 채널의 오디오 배열을 모두 추출
할 수 있습니다.

```
const c0 = audio.getChannelData(0)
const c1 = audio.getChannelData(1)
```

6.4 딥러닝 프레임워크의 유틸리티 도구

이 절에서는 딥러닝 프레임워크인 TensorFlow.js, Keras.js 및 WebDNN의 데이터 로딩
및 조작을 위한 유틸리티 도구에 대해 설명합니다. 이전 장에서 보았듯이, 각 프레임워
크는 형식화 배열(TypedArray) 객체 위에 추상화를 사용하여 텐서 변수를 평평한 배
열에 저장합니다. 대부분의 프레임워크는 데이터 로딩, 작성, 크기 조정 및 시각화를
위한 유틸리티 도구를 제공합니다. 그럼, 시작하겠습니다!

6.4.1 TensorFlow.js

TensorFlow.js는 원시 데이터, 텐서 쉐이프 및 데이터 타입 등을 tf.tensor 객체로 데이터를 추상화합니다. URL에서 이미지를 로드하는 유틸리티는 제공하지 않지만 이미지 요소(비디오, 이미지, 캔버스 등)를 tf.tensor 객체로 변환하고, 반대로 tf.fromPixel 메서드로 텐서를 이미지로 바꿀 수 있습니다. tf.tensor.print() 메서드로 텐서를 출력할 수 있습니다.

```
const url = "data/cat.jpeg"
const img = await loadImage(url)
const data = tf.fromPixels(img)

data.print()
```

tf.image.resize-Bilinear 메서드로 이미지 크기를 바꿀 수 있습니다.

```
const dataResized = tf.image.resizeBilinear(data, [100, 100])
```

단일 이미지를 하나의 이미지 배치로 변환해도 원본 데이터에는 영향을 미치지 않고 텐서 형태에만 영향을 미치게 됩니다. TensorFlow.js에서 tf.tensor.expandDims 메서드로 정의된 축을 따라 텐서 차원을 확장할 수 있습니다.

```
const dataBatch = data.expandDims(2)
```

이진 데이터를 로드하고 TensorFlow.js에서 텐서를 구문 분석하려면 tf.tensor 생성자를 호출해야 합니다. loadBinaryDataFromUrl 함수는 자바스크립트에서 이진 블랍을 로드하며, 다음 장에서 이 함수를 구현할 것입니다. 이 경우 블랍은 행렬을 갖고 있기 때문에 tf.tensor2d 생성자를 사용할 수 있습니다.

```
const size = 100
const buf = await loadBinaryDataFromUrl("data/rand.bin")
const data = tf.tensor(new Float32Array(buf), [size, size])

data.print()
```

화면에 텐서를 렌더링하기 위해 (canvas 요소에) **tf.toPixels** 메서드를 사용합니다. 새로운 캔버스 요소를 생성하고 텐서를 캔버스로 렌더링하는 래퍼를 작성해 보겠습니다.

```
async function render(rootElem, data) {
  const canvas = document.createElement("canvas")
  rootElem.append(canvas)

  await tf.toPixels(data, canvas)
  return canvas
}
```

위의 코드에서 **tf.toPixels**가 Promise를 반환한다는 것을 알 수 있습니다. 비동기로 tensor.data()를 사용하여 텐서 데이터에 액세스하기 때문에 **render** 함수를 비동기로 만들었습니다. 이제 텐서를 화면으로 변환할 수 있습니다.

```
await render(document.body, data)
```

6.4.2 Keras.js

Keras.js는 형식화 배열 상위의 텐서를 추상화하기 위해 ndarray 라이브러리를 사용합니다. ndarray는 자바스크립트를 위한 다차원 배열을 구현하는 모듈러이며, 매트랩이나 넘파이 사용자가 자바스크립트에서 벡터 미적분을 쉽게 할 수 있도록 도와줍니다.

다음과 같이 이미지에서 ndarray 객체를 만듭니다.

```
const url = "data/cat.jpeg"
const img = await loadImage(url)
const data = ndarray(new Float32Array(img), [width, height, 4])
```

ndarray core API는 배열을 분할(slicing), 전치(transposing), 역전(reversing) 및 재형성(reshaping)을 위한 많은 기능을 제공하고 있습니다. ndarray 모듈 리스트(https://git.io/JedzL)에서 더 많은 기능을 지원하는 패키지를 찾을 수 있습니다.

6.4.3 WebDNN

WebDNN은 WebDNN.Image 스코프에서 이미지 로딩, 파싱, 변환 등과 같은 많은 기능을 제공합니다. WebDNN.Image.getImageArray 메서드로 URL을 통해 이미지 배열을 불러오고, 파싱하고, 원하는 형태로 크기를 조정할 수 있습니다. 이와 유사하게, WebDNN.Image.setImageArrayToCanvas 메서드는 텐서를 canvas 요소로 렌더링합니다.

```
const url = "data/cat.jpeg"
const img = await WebDNN.Image.getImageArray(url, { dstW: 256, dstH: 256 })

const canvas01 = createCanvas(document.body, 256, 256)
WebDNN.Image.setImageArrayToCanvas(img, 256, 256, canvas01)

const canvas02 = createCanvas(document.body, 100, 100)
WebDNN.Image.setImageArrayToCanvas(img, 256, 256, canvas02, {
  dstW: 100,
  dstH: 100
})
```

WebDNN은 이진 데이터도 쉽게 다룹니다. 예를 들어, 2D 가중치를 그레이스케일 이미지로 시각화하려면 {color: WebDNN.Image.Color.GREY} 옵션을 추가하면 됩니다.

```
const size = 100
const buf = await loadBinaryDataFromUrl("data/rand.bin")
const img = new Float32Array(buf)

const canvas01 = createCanvas(document.body, 100, 100)
WebDNN.Image.setImageArrayToCanvas(img, 100, 100, canvas01, {
  color: WebDNN.Image.Color.GREY,
  dstW: 100,
  dstH: 100,
  scale: [255],
  bias: [-1]
})

const canvas02 = createCanvas(document.body, 256, 256)
WebDNN.Image.setImageArrayToCanvas(img, 100, 100, canvas02, {
```

```
    color: WebDNN.Image.Color.GREY,
    dstW: 256,
    dstH: 256,
    scale: [255],
    bias: [-1]
})
```

6.5 정리

이번 장에서는 웹브라우저에서 URL, 웹캠, 오디오를 통해 데이터를 추출하는 방법을 배웠습니다. 도메인이 다른 데이터를 로드할 때 crossOrigin 속성을 크로스 사이트 요청을 허용하도록 설정했습니다.

데이터 이진 블랍은 Fetch API로 데이터를 로드하고 arrayBuffer 메서드를 이용하여 형식화 구조로 쉽게 파싱할 수 있었습니다.

Canvas API를 사용하여 이미지와 비디오를 이미지 데이터로 변환하거나 이미지 데이터를 화면에 렌더링했습니다. canvas 요소 위에는 객체 위치를 시각화하거나 두 이미지 사이를 보간하여 셰이딩 모델의 결과를 시각화할 수 있습니다.

또한, TensorFlow.js, Keras.js 및 WebDNN의 유틸리티 함수를 사용해 형식화 배열 객체 위에 각각의 추상화를 사용하여 이미지, 오디오 및 이진 데이터를 로드하고 파싱하는 방법을 살펴보았습니다.

다음 장에서는 데이터 조작과 실용적인 애플리케이션을 위한 구성 요소에 대해 좀 더 자세히 살펴볼 것입니다. 그리고 Protobuf.js를 사용해 Caffe와 TensorFlow 모델 그래프를 파싱해 볼 예정입니다. 이후 Chart.js를 사용해 차트를 그리는 방법을 배우고, 오디오 피드에서 스펙토그램 특성을 추출해 볼 예정입니다.

7

고급 데이터 조작을 위한 레시피

이 장에서는 브라우저에서 데이터 조작을 위한 몇 가지 방법을 소개합니다. 특정 프레임워크의 학습된 모델에서 파라미터를 파싱하거나 신경망의 학습 과정과 성능을 시각화해 볼 것입니다.

첫 번째로, **Protobuf.js**(https://git.io/Jedzt)를 사용해 자바스크립트에서 이진 Protobuf 객체를 직렬화하는 방법을 배웁니다. 이를 통해 딥러닝 프레임워크 모델 그래프와 파라미터를 로드하고 역직렬화할 수 있습니다. Caffe와 텐서플로 모델을 예시로 설명합니다.

두 번째 절에서는 **Chart.js** 라이브러리로 차트를 그려봅니다. 학습 진행 상황, 분류 결과 등 어려운 차트를 손쉽게 시각화할 수 있습니다. 많이 사용되고 있는 사례를 중심으로 살펴봅니다.

세 번째 절에서는 사용자가 캔버스에 그림을 그리고 완성된 그림(스케치 데이터)을 딥러닝 모델 입력으로 사용하는 방법을 설명합니다. 이 모델은 손글씨 문자나 숫자 인식뿐만 아니라 사실적인 이미지 생성, HTML 구조 자동 생성과 같은 다양한 생성 모델에도 사용됩니다. 구글에서 발표한 **Sketch RNN**(https://magenta.tensorflow.org/assets/sketch_rnn_demo/index.html)과 유사하게 스케치 데이터를 펜 스트로크로 추출해 볼 것입니다.

네 번째 절에서는 **DSP.js**(https://git.io/JedzY) 라이브러리를 사용하여 백그라운드 스레드에 있는 마이크에서 오디오 스펙토그램(spectrogram)을 계산하고 시각화합니다. 이 스펙토그램은 저 지연 원거리 웨이크 워드(wake word) 탐지, 유사 사운드 분류와 같은 딥러닝 모델의 입력으로 사용될 수 있습니다.

마지막 절에서는 얼굴 인식 및 추적 라이브러리인 **FaceFilter**와 **tracking.js**를 살펴보겠습니다. 얼굴 데이터를 사용한 딥러닝 애플리케이션에서는 전처리가 매우 중요합니다. 이후 좀 더 실험적인 네이티브 API와 기본 API를 서로 비교해 보겠습니다.

7.1 Protobuf 직렬화

이번 절에서는 자바스크립트에서 프로토콜 버퍼(Protocol buffers, Protobuf)[1] 형식으로 직렬화된 복잡한 이진 데이터를 디코딩하는 방법을 설명합니다. 몇 줄의 코드만으로도 자바스크립트로 텐서플로 그래프와 Caffe 모델을 디코딩할 수 있습니다.

프로그래밍 언어와 프레임워크에 데이터 구조를 전송하려면 각 언어에 공통된 직렬화 형식과 라이브러리가 필요합니다. 이전 장에서 언급했듯이, 자바스크립트는 **ArrayBuffer**의 속도가 빠르기 때문에 텍스트가 아닌 바이너리 형식을 선호합니다.

많은 딥러닝 프레임워크는 구글의 **Protobuf**를 사용해 Caffe, Caffe2, 텐서플로 데이터 구조를 인코딩하고 유지합니다. Protobuf는 대부분의 언어를 지원하는 이진 직렬화 프레임워크입니다. 자바스크립트를 위한 **Protobuf.js**(https://git.io/Jedzt) 라이브러리가 있습

---

1 **옮긴이** 프로토콜 버퍼(Protocol buffers)는 데이터를 네트워크나 파일로 전송하기 위해서 바이너리 스트림 형태로 저장하는, 구글이 개발하고 오픈소스로 공개한 직렬화 데이터 구조입니다. XML보다 더 가볍고 빠르며 단순합니다. .proto 파일에 데이터를 구조화한 후, 원하는 언어 코드로 컴파일하면 자동으로 해당 언어 코드가 생성되는데, 이는 파일을 읽거나 쓰는 데 사용됩니다. 최신 버전인 proto3는 자바, C++, 파이썬, 자바 라이트, 루비, 자바스크립트, Objective-C, C#, Go를 지원합니다. 공식 문서에서 자세한 내용을 찾을 수 있습니다. https://developers.google.com/protocol-buffers/docs/overview

니다. 깃허브 저장소의 README에는 CLI 사용법과 가장 많이 사용되는 옵션이 기술되어 있습니다.

먼저, npm으로 Protobuf.js를 전역으로 설치합니다. 설치가 끝나면 커맨드라인인 pbjs와 pbts가 설치됩니다.

```
$ sudo npm install protobufjs -g
```

다음으로, pbjs 명령어로 자바스크립트를 위한 JSON protobuf 정의를 생성할 수 있습니다.

```
$ pbjs -t json file1.proto file2.proto > bundle.json
```

protobuf.js는 모듈로서 ES6 및 Typescript 클래스를 내보낼 수도 있습니다. 모듈에서 코드를 구성하면 환상적입니다. 그러나 브라우저에서 이러한 모듈을 사용하려면 Browserify 또는 Typescript와 같은 패키징 시스템을 사용하여 브라우저용으로 컴파일하고 패키지화해야 합니다. 가독성과 재현성을 위해 이 섹션에서는 JSON 형식을 사용합니다.

브라우저에서 protobuf 파서를 사용하려면 클라이언트 측에 라이브러리를 추가해야 합니다. 가장 쉬운 방법은 script 태그를 이용해 로드하는 것입니다. HTML 파일에 다음의 코드를 추가합니다.

```
<script src="//../dcodeIO/protobuf.js/6.X.X/dist/protobuf.js"></script>
```

현재 배포 버전은 6.8.8입니다. 항상 배포 버전을 확인(https://git.io/Jedz3)하고 배포 태그를 수정하세요. 이진 블랍을 직렬화하려면 protobuf 파서를 초기화해야 합니다.

```
const bundle = await loadTextDataFromUrl("bundle.json")
const proto = protobuf.Root.fromJSON(JSON.parse(bundle))
```

마지막으로, 이진 블랍을 불러오고 protobuf의 파서를 정의한 후 디코딩합니다.

```
const data = await loadBinaryDataFromUrl("some.pb")
const obj = proto.nested.Root.decode(new Uint8Array(data))
```

모델 그래프와 파라미터를 비 직렬화하는 것만으로는 계산 그래프를 통해 데이터를 푸시할 수 없습니다. 모델의 모든 저장된 층, 하이퍼 파라미터 및 파라미터에만 액세스할 수 있습니다. 계산 그래프를 실행하려면 그래프를 자바스크립트 딥러닝으로 변환하는 호환성 라이브러리가 필요합니다. 다행히도 TensorFlow.js를 위한 ONNX(Open Neural Network Exchange) 등 몇 가지 어댑터가 있습니다. 앞으로 더 많은 어댑터가 추가될 것입니다.

Caffe 및 텐서플로 모델의 필터 파라미터를 포함하여 사전 학습된 모델 그래프를 파싱하는 두 가지 경우를 살펴보겠습니다. protobuf를 사용한 다른 프레임워크 모델은 유사한 코드를 사용해 자바스크립트에서 쉽게 로드할 수 있습니다.

7.1.1 Caffe 모델 파라미터 파싱하기

텐서플로는 사전 학습된 모델(고정 실행 그래프)을 Protobuf 형식으로 저장합니다. 자세한 내용은 텐서플로 웹사이트 내의 '텐서플로 모델 파일 개발자 가이드(https://www.tensorflow.org/guide/extend/model_files)'를 참고하세요. 브라우저에서 실행 그래프를 로드하고 디코딩할 수 있습니다.

먼저, Tensorflow 저장소를 다운받고 pbjs를 사용해 master.proto 정의를 JSON으로 변환합니다. protobuf 파일은 import 문을 사용하기 때문에 -p 인수를 사용하여 tensorflow 디렉터리를 경로에 추가해야 합니다.

```
$ git clone https://github.com/tensorflow/tensorflow
$ pbjs -t json tensorflow/tensorflow/core/protobuf/ master.proto  -p tensorflow
> proto/tf.json
```

JSON 정의인 proto/tf.json을 브라우저에 로드하고 클라이언트에서 Protobuf.js를 사용해 protobuf 객체로 파싱합니다. 디코더는 proto.nested.tensorflow 네임스페이스에서 사용할 수 있습니다. 다음 단계에서는 인코딩된 *frozen_inference_graph.pb* 이진 파일을 로드하고 GraphDef 디코더를 사용해 디코딩합니다.

```javascript
const bundle = await loadTextDataFromUrl("proto/tf.json")
const proto = protobuf.Root.fromJSON(JSON.parse(bundle))
const graphDef = proto.nested.tensorflow.GraphDef

const url = "data/frozen_inference_graph.pb"
const data = await loadBinaryDataFromUrl(url)
const graph = graphDef.decode(new Uint8Array(data))
console.log(graph)
```

그림 7-1에서 개발자 콘솔에서 텐서플로 모델 그래프와 층 정의는 물론, 층 파라미터를 확인할 수 있습니다.

```
▼NetParameter {input: Array(0), inputShape: Array(0), inputDim: Array(0), layer: Array(0), layers: Array(169), …}
  ▶ input: []
  ▶ inputDim: []
  ▶ inputShape: []
  ▶ layer: []
  ▶ layers: (169) [V1LayerParameter, V1LayerParameter, V1LayerParameter, V1LayerParameter, V1LayerParameter, V1LayerParameter, V1LayerP…
    name: "GoogleNet"
  ▶ proto : Message
> model.layers[2]
  ▼V1LayerParameter {bottom: Array(1), top: Array(1), include: Array(0), exclude: Array(0), blobs: Array(2), …}
    ▶ blobShareMode: []
    ▶ blobs: (2) [BlobProto, BlobProto]
    ▶ blobsLr: (2) [1, 2]
    ▶ bottom: ["data"]
    ▶ convolutionParam: ConvolutionParameter {pad: Array(1), kernelSize: Array(1), stride: Array(1), dilation: Array(0), numOutput: 64, …
    ▶ exclude: []
    ▶ include: []
    ▶ lossWeight: []
      name: "conv1/7x7_s2"
    ▶ param: []
    ▶ top: ["conv1/7x7_s2"]
      type: 4
    ▶ weightDecay: (2) [1, 0]
    ▶ proto : Message
```

그림 7-1 콘솔 출력

7.1.2 텐서플로 그래프 파싱

텐서플로는 사전 학습된 모델(동결 실행 그래프, frozen execution graphs)을 프로토콜 버퍼 (Protobuf) 형식으로 저장합니다. 텐서플로 웹사이트에 있는 SavedModel 포맷 사용하기 튜토리얼(https://www.tensorflow.org/guide/saved_model)에서 이에 대한 자세한 정보를 찾을 수 있습니다. 브라우저에서 이 실행 그래프를 로드하고 디코딩해 보겠습니다.

먼저, 깃허브에서 텐서플로 저장소를 다운받습니다. 이후 pbjs 명령어로 master.proto 파일을 JSON으로 변환합니다. protobuf 파일은 import 문을 사용하는데, -p 인수를 사용해 tensorflow 폴더를 import 경로에 추가합니다.

```
$ git clone https://github.com/tensorflow/tensorflow
$ pbjs -t json tensorflow/tensorflow/core/protobuf/
master.proto \
-p tensorflow > proto/tf.json
```

먼저 브라우저에서 JSON이 정의된 proto/tf.json을 로드하고, 클라이언트에서 Protobuf.js를 사용하여 protobuf 객체를 파싱합니다. 이때 모든 사용 가능한 디코더 는 proto.nested.tensorflow 네임스페이스에 있습니다. 다음으로 바이너리 형식으로 인코딩된 frozen_inference_graph.pb 파일을 로드하고 GraphDef 디코더를 사용하여 연속적으로 디코딩합니다.

```
const bundle = await loadTextDataFromUrl('proto/tf.json')
const proto = protobuf.Root.fromJSON(JSON.parse(bundle))
const graphDef = proto.nested.tensorflow.GraphDef
const url = "data/frozen_inference_graph.pb"
const data = await loadBinaryDataFromUrl(url)
const graph = graphDef.decode(new Uint8Array(data))
console.log(graph)
```

다음 그림과 같이 개발자 도구를 열어 콘솔 패널에서 텐서플로 모델 그래프, 계층 정의 와 파라미터를 확인할 수 있습니다.

그림 7-2 개발자 도구 콘솔 패널

7.1.3 부동소수점 정밀도

Protobuf 형식을 사용하여 딥러닝 모델을 다양한 프로그래밍 언어로 역직렬화할 수 있습니다. 서로 다른 스택 간에 데이터 구조를 교환할 수 있는 훌륭한 형식입니다. 그러나 자바스크립트 추론 성능에 특화되어 있지 않습니다.

Protobuf의 단점은 대부분의 자바스크립트 직렬화와 바이너리 인코딩 라이브러리는 32bit 형식의 부동소수점만 인코딩할 수 있다는 것입니다. 그러나 실제 딥러닝 애플리케이션을 구현할 때 이 정도의 정밀도까지 요구되지 않습니다. 16bit 정밀도로도 편향 및 시냅스 가중치를 인코딩하기에 충분하므로 모델 크기, 네트워크 트래픽과 파라미터를 저장하는 메모리가 절반으로 줄어들어 추론 속도는 두 배로 향상됩니다. 모델 성능을 그대로 유지하면서 정밀도를 10bit로 더 낮출 수도 있습니다. 그 결과로 32bit에 비해 모델 크기가 3배 줄어듭니다.

앞서 말한 Protobuf의 문제를 해결하고 정밀도를 낮출 수 있는 방법은 바로 커스텀 시리얼라이저(custom serializer)와 디시리얼라이저(deserializer)를 만드는 것입니다. 이를 활용해 자바스크립트에서 다양한 방법으로 최적화가 가능합니다. 더 낮은 정밀도를 사용하려면 다음과 같은 방법을 사용할 수 있습니다.

- 데이터를 이진 블랍으로 변경하고 fetch API와 `arrayBuffer()` 메서드를 사용해 블랍을 로드합니다.
- 이진 블랍을 base64 문자열로 인코딩하고 JSON 파일로 저장합니다. 웹 서버에서 GZIP 압축이 활성화되어 있는지 확인합니다. (checkgzipcompression.com을 통해 확인할 수 있습니다.)
- 이진 블랍을 base64 문자열로 인코딩하고 이를 Protobuf에 임베딩합니다.
- 부동소수점 16bit(float 16) 데이터를 자바스크립트에서 Uint16Array로 인코딩합니다.

위와 같은 경우는 모델을 저장하고 네트워크를 통해 전송하는 것만 최적화할 수 있습니다. 다시 32bit 정밀도로 변환한다면 메모리 크기와 추론 속도는 동일하게 유지됩니다. 오버헤드 엔지니어링처럼 느껴질지 모르겠습니다만, 이러한 최적화는 가중치 양자화, 부동소수점 실행 엔진, 스파스 사전 학습(sparse dictionary learning) 등 자바스크립트의 고성능 딥러닝 학습에 필요합니다.

7.2 Chart.js 차트 구현

차트 구현은 딥러닝과 관련 있는 주제는 아닙니다만, 딥러닝 애플리케이션에서 데이터를 표현하고 시각화할 때 필요합니다. 예를 들어, 학습 진행 상황(에포크당 학습/평가)이나 분류 결과 출력(상위 5개 클래스의 정확도), 잠재 공간 표현 시각화, 대기열 렌더링, 입력 데이터(RNN, FFT 오디오 특성 등 1차원 데이터 입력) 등을 차트로 표현할 수 있습니다. 이번 절에서는 Chart.js를 사용하는 방법을 알아봅니다.

차트 라이브러리를 선택할 때 다음 사항을 유념해야 합니다.

첫째, 웹브라우저용 차트 라이브러리는 순수 자바스크립트 또는 앵귤러, 리액트, 뷰 등 SPA(Single Page Application) 프레임워크와 라이브러리용으로 나뉩니다. 이 책에서는 순수 자바스크립트를 지원하는 라이브러리를 고수합니다. 두 번째, 렌더링 테크닉입니다. 대부분의 차트 라이브러리는 SVG(Scalable Vector Graphics)를 기반으로 벡터 표현을 사용하거나, 캔버스를 기반으로 래스터 렌더링을 사용합니다. 셋째, 낮은 수준(차트의 다른 요소를 별도로 렌더링, 매우 유연하게 렌더링) 또는 상위 수준(옵션을 사용하여 간단한 차트 유형 구성, 시작하기 쉬움) 구현 여부를 결정해야 합니다.

순수 자바스크립트를 위한 캔버스 기반의 상위 버전의 차트 라이브러리를 찾고 있다면 Chart.js는 좋은 선택입니다. 지금부터는 Chart.js를 활용한 차트 예시를 설명할 것입니다. 차트 목록과 자세한 내용은 Chart.js 웹사이트인 chartjs.org에서 확인할 수 있습니다.

먼저, Chart.js API로 간단한 꺾은 선 차트를 만들어 보겠습니다. 최신 버전의 CDN(Content Delivery Network) 호스트를 사용하고, 차트가 렌더링되는 위치인 canvas 요소를 만듭니다.

```
<script src="//../Chart.js/2.4.0/Chart.bundle.min.js"></script>

<!-- Chart Canvas -->
<canvas id="chart" width="480" height="480"></canvas>
```

우리는 Chart.bundle.min.js 압축 버전을 사용합니다. 번들 빌드에는 Moment.js가 포함되어 있습니다. 시계열 차트 등을 그릴 때 시간 축이 필요하다면 이 버전을 사용해야 합니다. 별도로 Moment.js를 추가할 필요가 없습니다. 그렇지 않으면 Moment.js가 두 번 포함되어 페이지 로드 시간이 증가하고 버전 호환성 문제가 발생할 수 있습니다. 만약 시간 축이 필요 없다면 Chart.min.js 버전을 사용해도 됩니다.

```
<!-- Chart Container -->
<div class="chart-container" style="height:40vh; width:80vw">

  <!-- Chart Canvas -->
  <canvas id="chart"></canvas>
</div>
```

Chart.js API에는 캔버스 2D 렌더링 콘텍스트에 대한 레퍼런스가 필요합니다.

새 차트를 만들기 위해 new Chart(context, definition)을 만들고, context에 canvas 요소의 위치를 정의하고, definition에는 차트 타입, 차원, 데이터, 구성 요소에 대한 정보를 정의합니다.

7.2.1 차트 유형 살펴보기

Chart.js는 가장 많이 사용하는 차트 유형을 지원합니다. type 속성에 차트 유형을 정의하면 되는데, 꺾은 선 차트의 속성값은 'line'입니다.

```
const ctx = document.getElementById('chart').getContext('2d')

const data = {..}
const options = {..}
const lineChart = new Chart(ctx, {
  type: 'line',
```

```
  data: data,
  options: options
})
```

Chart.js는 꺾은 선, 세로 막대, 가로 막대, 레이더, 도넛, 버블, 분산 차트를 지원합니다. 단일 차트일 경우에는 각각 지정하지만, 혼합 차트라면 데이터별로 지정해야 합니다.

그림 7-3은 Chart.js의 대표적인 차트를 보여줍니다. 라벨은 ["A", "B", "C", "D", "E"]이고, 각 값은 1, 5, 1, 10, 4입니다.

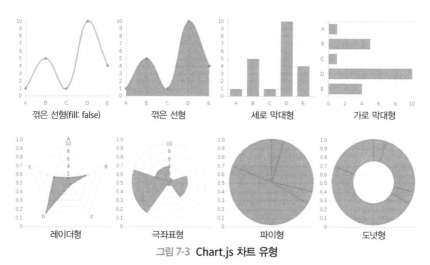

그림 7-3 **Chart.js 차트 유형**

그림 7-3의 두 번째 그림에서 볼 수 있듯이, 꺾은 선 차트는 x축과 y 값 사이의 영역이 채워지는 것이 디폴트입니다. **fill 옵션**을 사용해 설정할 수 있으며, 지정된 상숫값으로 채우기 색깔과 여부를 설정할 수 있습니다. 예를 들어, `fill:false`를 설정하면 채우기를 완전히 비활성화할 수 있어 제대로 된 꺾은 선 차트만 그릴 수 있습니다.

각 데이터 포인트는 기본적으로 선, 레이더, 분산형 및 버블 차트의 점으로 표시됩니다. 데이터 세트당 `point`로 시작하는 옵션을 사용해 반지름 크기(pointRadius) 또는 스타일(pointStyle) 등을 설정할 수 있습니다. 또는 점 대신 기호(예: 이미지)를 사용할 수 있습니다. 물론, 선 스타일도 바꿀 수 있습니다.

그림 7-4는 버블 차트와 분산 차트입니다. 분산 차트는 라인 차트와 비슷하게 보입니다. 분산 차트는 x와 y 좌표를 고유 키로 사용하지만, 라인 차트는 x를 키로 사용합니다. 분산 차트에서는 모든 종류의 도형을 그릴 수 있지만, 라인 차트에서는 x 값당 하나의 y 값만 사용할 수 있습니다.

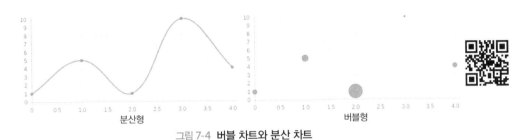

분산형　　　　　　　버블형

그림 7-4 **버블 차트와 분산 차트**

차트 데이터 구조는 [xValue0, xValue1, ..]와 [yValue0, yValue1, ..] 형식이지만, 분산 차트는 {x : xValue, y : yValue}입니다. 버블 차트 데이터 구조는 반지름 크기를 나타내는 r 속성이 추가되어 {x : xValue, y : yValue, r : radius}입니다.

7.2.2 데이터 세트 구성

Chart.js의 데이터는 차트 정의 시 data 객체에 저장합니다. 일반적으로 label 속성은 x축을 나타내는 배열로, 숫자, 범주 값 또는 날짜의 집합입니다. 여러 개의 데이터 세트일 경우는 labels를 구분해 지정합니다.

```
const data = {
  labels: ["A", "B", "C", "D", "E"],
  datasets: [
    {
      label: "데이터 세트 1",
      data: [1, 5, 1, 10, 4]
    },
    {
      label: "데이터 세트 2",
      data: [2, 3, 8, 2, 6]
    }
  ]
}
```

그림 7-5와 같이 데이터 세트를 서로 겹치거나 쌓은 차트를 만들 수 있습니다. 데이터 해석에 따라 그 유형이 달라집니다.

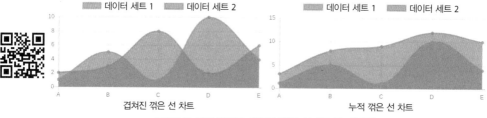

그림 7-5 여러 데이터 세트를 꺾은 선 차트로 시각화

7.2.3 데이터 업데이트

데이터를 어떻게 저장하는지 알게 되었으니 이제 데이터를 수정하고 업데이트하는 함수를 만들어 볼 차례입니다. 기존 차트에 새로운 데이터를 추가하거나 전체 데이터를 업데이트하는 경우에 중요합니다.

첫 번째 사례는 학습 성능과 검증 오류입니다.

브라우저에서 신경망을 미세하게 조정하고 addDate()를 실행해 기존 차트 데이터 세트에 새 데이터 요소를 추가한다고 가정해 봅시다.

```
for (let epoch = 0; epoch < numEpochs; epoch++) {
  const h = await model.fit(X_train, y_train, { epochs: 1 })
  const trainError = h.history.loss[0]
  const valError = model.evaluate(X_val, y_val)

  // 아래 함수를 실행합니다.
  addData(chart, epoch, [trainError, valError])
}
```

addDate() 함수는 새 레이블과 데이터 포인트를 기존 데이터 세트로 푸시한 후에 차트를 렌더링해야 합니다.

```
function addData(chart, label, data) {
  chart.data.labels.push(label)
  chart.data.datasets.forEach((dataset, i) => {
    dataset.data.push(data[i])
  })
  chart.update()
}
```

기존 차트에서 데이터 요소를 삭제하는 경우에도 이와 비슷합니다. 데이터 배열 내의 첫 요소를 제거하는 removeDataLeft() 함수와 데이터 배열 맨 마지막 요소를 제거하는 removeDataRight() 함수를 만들어 보겠습니다. 마찬가지로, 데이터가 수정되면 차트를 다시 렌더링해야 합니다.

```
function removeDataLeft(chart) {
  chart.data.labels.shift()
  chart.data.datasets.forEach(dataset => {
    dataset.data.shift()
  })
  chart.update()
}

function removeDataRight(chart) {
  chart.data.labels.pop()
  chart.data.datasets.forEach(dataset => {
    dataset.data.pop()
  })
  chart.update()
}
```

두 번째 사례는 비디오 분류 모델 결과를 표시하는 경우입니다. 이 경우에는 전체 데이터를 완전히 새로운 데이터로 교체하는 것이 좋습니다. 예를 들어, 다음과 같은 분류를 수행하는 애플리케이션이 있다고 가정해 봅시다.

```
const classes = ["사과", "바나나", "배", "복숭아", "포도"]

while (true) {
  const input = tf.getPixels(video)
  const probabilities = await model.predict(input)
```

```
  // 아래 함수를 실행합니다.
  updateData(chart, classes, probabilities)
}
```

updateData() 함수는 첫 번째 사례와 유사합니다. 차이점은 전체 데이터 배열을 새 데이터로 바꾼다는 것입니다. 마지막에는 차트를 다시 렌더링합니다.

```
function updateData(chart, labels, data) {
  chart.data.labels = labels
  chart.data.datasets.forEach(dataset => {
    dataset.data = data
  })
  chart.update()
}
```

그림 7-6은 차트 예시입니다.

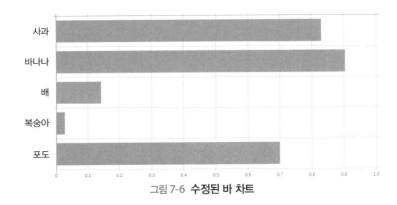

그림 7-6 **수정된 바 차트**

7.2.4 옵션과 구성 설정

Chart.js 웹사이트에서 구성 및 설정에 대한 정보를 확인할 수 있습니다. 그러나 일반적으로 많이 사용되는 구성 설정을 찾기 어렵습니다. 이번 절에서는 가장 인기 있는 일부 옵션을 소개합니다.

애니메이션 사용 안 함: 차트가 처음 렌더링될 때 애니메이션 효과를 적용할 수 있지만,

데이터가 업데이트될 때마다 애니메이션 효과가 적용된다면 어색할 수 있습니다.

```
options: {
  animation: {
    duration: 0
  }
}
```

반응형 차트 사용 안 함: 캔버스 요소 너비 및 특성을 자동으로 덮어씁니다.

```
options: {
  responsive: false
}
```

툴팁 사용 안 함: 툴팁은 인터랙티브 차트에 유용하지만, 때로는 별로 중요하지 않을 수 있습니다.

```
options: {
  tooltips: {
    enabled: false
  }
}
```

범례 사용 안 함: 단일 데이터 세트라면 범례를 사용하지 않는 것이 좋습니다.

```
options: {
  legend: {
    display: false
  }
}
```

축의 최솟값 및 최댓값을 설정: 차트 축의 최솟값 및 최댓값을 설정해야 하는 경우가 종종 있습니다.

```
options: {
  scales: {
    yAxes: [
      {
        type: "linear",
        ticks: { min: 0, max: 1 }
      }
```

```
      ]
    }
  }
```

레이블 추가: 데이터를 표시할 때 데이터 유형과 단위를 설명하는 레이블을 추가하는 것이 좋습니다.

```
options: {
  xAxes: [{
    scaleLabel: {
      display: true,
      labelString: "X Label"
    }
  }],
  yAxes: [{
    scaleLabel: {
      display: true,
      labelString: "Y Label"
    }
  }]
}
```

축 시작점을 0으로 설정: Chart.js는 자동으로 차트 영역을 데이터 집합의 최솟값 및 최 댓값으로 조정합니다. 가끔씩 y축 시작점을 0부터 설정해야 하는 경우가 있습니다.

```
options: {
  scales: {
    yAxes: [
      {
        ticks: { beginAtZero: true }
      }
    ]
  }
}
```

스택 데이터 세트 렌더링: 스택 차트는 매우 유용합니다. axis 옵션에 정의합니다.

```
options: {
  scales: {
    yAxes: [{ stacked: true }]
  }
}
```

차트명 추가: 항상 필요한 옵션입니다.

```
options: {
  title: {
    display: true,
    position: "bottom",
    text: "My Chart"
} }
```

차트 레이아웃 조정: 차트 캔버스의 기본 설정 간격은 괜찮지만, 차트 레이아웃의 패딩을 조정하려는 경우 레이아웃 옵션을 사용할 수 있습니다.

```
options: {
  layout: {
    padding: {
      left: 50,
      right: 0,
      top: 0,
      bottom: 0
    }
  }
}
```

7.3 캔버스를 활용한 스케치

웹브라우저의 장점은 인터랙티브 컨트롤을 사용해 딥러닝 입력을 생성할 수 있다는 점입니다. MNIST 손글씨 분류나 스케치 분류 문제의 경우, 사용자가 직접 그린 그림을 입력으로 사용할 수 있습니다. https://git.io/Jedzs에서 실제로 MNIST 손글씨 문제를 Keras.js로 구현했습니다.

이번 절에서는 이와 비슷하게 사용자가 직접 그림을 그릴 수 있는 캔버스를 만들어 봅니다. 그림 7-7은 Sketch-RNN 모델을 사용한 데모입니다.

그림 7-7 드로잉 애플리케이션 데모

7.3.1 캔버스에 그림 그리기

최신 브라우저 API 덕분에 캔버스 기반 드로잉 프로그램을 쉽게 만들 수 있습니다. 이번 절에서는 맨 밑바닥부터 하나씩 만들어 볼 것입니다. 먼저, 마우스 입력으로 그릴 때 이벤트 작동 방식을 생각해 봅시다.

1. 사용자가 마우스 키를 계속 누르고 있습니다.

2. 사용자가 마우스를 움직여 캔버스에 그림을 그립니다.

3. 사용자가 마우스 키를 놓으면 그리기를 멈춥니다.

먼저, 새 캔버스를 인스턴스화하여 DOM에 추가하는 함수를 만듭니다.

```
function createCanvas(elem, width, height) {
  const canvas = document.createElement("canvas")
  canvas.width = width
  canvas.height = height

  elem.append(canvas)
  return canvas
}
```

이제 canvas 요소와 2D 렌더링 콘텍스트를 만들고 모든 변수와 속성을 초기화합니다.

```
const canvas = createCanvas(document.body, 480, 480)
const ctx = canvas.getContext("2d")
ctx.fillStyle = "#000"
ctx.imageSmoothingEnabled = true
```

다음으로, 사용자가 그림을 그렸는지 여부를 추적하기 위해 현재 상태를 저장하는 변수 isDrawing을 만듭니다. 변수는 mousedown 이벤트에서는 true로, 초기 설정에서는 mouseup 이벤트에서 false로 설정합니다.

```
let isDrawing = false
canvas.onmousedown = () => (isDrawing = true)
canvas.onmouseup = () => (isDrawing = false)
```

이제 이벤트에서 캔버스 내의 현재 커서 위치를 반환하는 함수를 만들어 봅시다.

```
function getCursorPos(event) {
  return [event.offsetX, event.offsetY]
}
```

다음으로, 우리는 커서 위치에서 현재 픽셀을 색칠하는 drawPixel() 함수를 만들겠습니다. ctx.fillRect(left, top, width, height) 함수를 사용합니다.

```
const size = 10
function drawPixel(pos) {
  ctx.fillRect(pos[0], pos[1], size, size)
}
```

마지막으로, 마우스를 움직이고 mousemove 이벤트가 발생할 때마다 캔버스에 그릴 수 있습니다.

```
canvas.onmousemove = event => {
  if (isDrawing) {
    drawPixel(getCursorPos(event))
  }
}
```

잘 작동하지만 단일 점을 그리기 때문에 마우스를 캔버스 위로 빠르게 움직일 때 이미지가 부드럽게 보이지 않습니다. 점 대신에 부드러운 선을 그리려면 이전 커서 위치에서 현재 위치로 경로를 그리는 함수를 추가해야 합니다.

```
ctx.lineWidth = size
ctx.lineCap = "round"

let prevPos = null

function drawLineTo(pos) {
  if (prevPos) {
    ctx.beginPath()
    ctx.moveTo(prevPos[0], prevPos[1])
    ctx.lineTo(pos[0], pos[1])
    ctx.stroke()
  }
  prevPos = pos
}
```

어느 캔버스 요소이든지 그림을 그릴 수 있는 함수를 마지막으로 만들어 봅시다.

```
function makeDrawable(canvas) {
  const ctx = canvas.getContext('2d')
  ctx.fillStyle = "#000"
  ctx.lineWidth = 10
  ctx.lineCap = "round"
  ctx.imageSmoothingEnabled = true

  let isDrawing = false
  let prevPos = null

  function draw(event) { ... }
  function getCursorPos(event) { ... }
  function drawLineTo(pos) { ... }

  canvas.onmousedown = () => isDrawing = true
  canvas.onmouseup = () => {
    isDrawing = false
    prevPos = null
  }

  return {
```

```
    start: () => canvas.onmousemove = draw,
    stop: () => canvas.onmousemove = null
  }
}
```

스케치를 위한 캔버스 요소를 생성하는 함수를 호출하겠습니다. 그리기 기능을 사용하거나 사용하지 않도록 설정하기 위해 이벤트 리스너에 시작과 중지를 추가하겠습니다.

```
const canvas = createCanvas(document.body, 480, 480)
makeDrawable(canvas).start()
```

이전 장에서 만든 loadDataFromCanvas 함수를 사용하여 캔버스에서 그리기를 할 때 픽셀 데이터를 가져올 수 있습니다.

```
loadDataFromCanvas(canvas)
//> Int32Array(160000) [0, 0, 0, ...]
```

드디어 캔버스에 쓴 문자, 숫자, 그림을 신경망의 입력으로 전달할 수 있습니다.

7.3.2 펜 스트로크 추출하기

손으로 그린 스케치를 활용한 다른 모델로는 사용자가 특정 그림의 일부를 그리면 남은 부분을 자동으로 완성해 주는 Sketch RNN과 같은 자동 생성 모델이 있습니다. 펜 스트로크(stroke, 획)는 {dx, dy, touch, lift} 형식으로 저장됩니다. dx 및 dy는 이전 점과의 차이를 나타내는 값이며, touch는 펜이 캔버스에 닿았는지, lift는 펜이 캔버스에서 떨어졌는지를 부울로 나타냅니다.

앞서 만든 drawLineTo 함수에 이 기능을 추가하겠습니다. 마우스 커서를 펜이라고 생각하면 됩니다. 펜은 이전(prevPos)과 현재 포인트(pos)를 가지고 있습니다. 먼저, 펜 스트로크를 저장하는 배열을 만들어야 합니다.

```
function makeDrawable(canvas) {
  const ctx = canvas.getContext('2d')
  const penStrokes = []
  ...
}
```

다음으로, drawLineTo 함수에 현재 펜 스트로크를 펜 스트로크 배열에 추가하도록 고칩니다.

```
function drawLineTo(pos) {
  if (prevPos) {
    ...
    // 새로운 펜 스트로크를 푸시합니다.
    penStrokes.push({
      dx: pos[0] - prevPos[0],
      dy: pos[1] - prevPos[1],
      touch: true,
      lift: false,
      })
  }
  prevPos = pos
}
```

위 코드에서 touch를 true로, lift를 false로 설정했습니다. mouseup 이벤트와 마찬가지로 펜이 캔버스를 벗어났는지를 알아야 합니다. 따라서 mouseup 이벤트를 감지할 때마다 마지막 펜 스트로크의 데이터를 조정합니다.

```
canvas.onmouseup = () => {
  ...
  penStrokes[penStrokes.length - 1].touch = false
  penStrokes[penStrokes.length - 1].lift = true
}
```

위 코드를 수정해 스트로크 데이터를 내보내고 다시 리셋하는 기능을 추가할 수 있습니다. 지금까지 손으로 그린 그림에서 펜 스트로크 데이터를 추출하는 방법에 대해 알아보았습니다.

7.4 마이크에서 스펙토그램 계산하기

오디오/사운드를 사용하는 딥러닝 애플리케이션에서는 오디오 및 사운드 성분을 추출하기 어렵기 때문에 가공되지 않은 웨이브폼(waveform)을 사용하지 않습니다. 대부분 수집된 신호를 주파수 영역으로 변환시키는 푸리에 변환을 사용하여 성분을 추출합니다. 이번 절에서는 WebWorkers를 사용해 백그라운드 스레드에서 마이크 신호의 스펙토그램 계산 방법을 설명합니다.

그림 7-8과 같이 Chart.js를 사용해 실시간 스펙토그램을 시각화해 볼 것입니다.

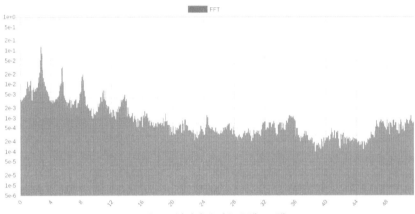

그림 7-8 실시간 오디오 스펙토그램

이전 장에서 다룬 오디오 녹음과 비슷한 구조입니다. 추가로, 웹워커 스레드를 설정할 것입니다. onProcess 함수에서 AudioBuffer 객체를 디코딩하여 워커 스레드로 보냅니다. 웹워커 통신은 복잡한 객체를 다룰 수가 없기 때문에 수동으로 직렬화하는 과정이 필요합니다.

```
const worker = new Worker('worker.js')
const audioContext = new AudioContext()

function onStream() { ... }

navigator.mediaDevices.getUserMedia({ audio: true, video: false }).then(onStream)
```

```
function onProcess(e) {
  const audioBuffer = e.inputBuffer
  const length = audioBuffer.length
  const sampleRate = audioBuffer.sampleRate
  const data = audioBuffer.getChannelData(0)
  worker.postMessage({length: length, sampleRate: sampleRate, data: data})
}
```

백그라운드 스레드의 역할은 오디오 버퍼의 FFT(고속 푸리에 변환)를 계산하고 주파수 구성 요소를 반환하는 것입니다. 결과를 처리하고 화면에서 시각화하는 다른 함수를 추가해 보겠습니다.

```
worker.addEventListener(
  "message",
  function(e) {
    updateChart(chart, e.data)
  },
  false
)
```

이제는 dsp.js 라이브러리를 사용해 FFT를 수행하는 워커만 구현하면 됩니다. 먼저, 스크립트를 가져와야 합니다. 그런 후에 들어오는 오디오 버퍼 데이터의 스펙토그램을 계산하여 주 스레드로 반환하는 이벤트 핸들러를 만듭니다.

```
self.importScripts("dsp.js")

self.addEventListener(
  "message",
  function(e) {
    const s = spectogram(e.data)
    self.postMessage(s)
  },
  false
)
```

마지막으로, dsp.js의 FFT 객체를 사용하여 스펙토그램 함수를 구현합니다. FFT를 수행하고 주파수 스펙트럼을 주 스레드로 반환합니다.

```
function spectogram(audioBuffer) {
  const fft = new FFT(audioBuffer.length, audioBuffer.sampleRate)
  fft.forward(audioBuffer.data)
  return fft.spectrum
}
```

드디어 온라인 웨이크 워드(wake word) 탐지, 사운드 분류 등과 같은 딥러닝 모델에 스펙토그램 입력을 전달할 수 있게 되었습니다.

7.5 얼굴 감지 및 추적

얼굴 인식은 물론 이미지 특성 탐지는 컴퓨터 비전 분야에서 매우 오래된 연구 분야입니다. SIFT(Scale Invariant Feature Transform)[2]와 SURF(Speeded Up Robust Feature)[3] 특징점 추출 알고리즘은 코너 감지, 특성 감지, 얼굴 감지, 이미지 스티칭과 더불어 여러 장치 및 플랫폼에서 널리 사용되고 있습니다. 이 절에서는 FaceFilter와 tracking.js 라이브러리를 사용하여 브라우저에서 얼굴 인식을 수행하는 방법과 실험적인 API를 살펴보겠습니다.

7.5.1 Jeeliz FaceFilter를 사용한 얼굴 추적

FaceFilter는 비디오 스트림에서 얼굴을 감지하고 추적할 수 있는 가벼운 자바스크립트 라이브러리입니다. 모든 조명 조건에 성능이 높을뿐더러 모바일 장치를 지원하며 웹캠 HD 비디오 스트림을 처리합니다. WebGL과 더불어 GPU에서 실행되는 딥러닝 네트워크를 사용합니다. https://git.io/JedzG 깃허브 저장소에서 자세한 내용과 많은 예제를 확인할 수 있습니다. HTML 문서 안에 주 스크립트를 추가하고서 렌더링할 위치를 지정하면 됩니다.

---

2 (옮긴이) SIFT(Scale Invariant Feature Transform) 알고리즘은 2004년에 데이빗 로우(David Lowe)에 의해 처음 제안되었으며, 영상 회전, 스케일 변화, 유사성을 가진 변형(affine deformation), 관점 변화(viewpoint change), 잡음(noise), 조명 변화(illumination change)에 탁월한 특징 추출 알고리즘입니다.

3 (옮긴이) SURF(Speeded Up Robust Features) 알고리즘은 다중-스케일 공간 정리(Multi-Scale Space Theory)에 기반을 두며, 특징 기술자는 성능과 정확성에서 우수한 헤시안 행렬(Hessian Matrix)을 기반으로 검출됩니다.

```html
<script src="//appstatic.jeeliz.com/faceFilter/ jeelizFaceFilter.js"></script>
<script src="//appstatic.jeeliz.com/faceFilter/Canvas2DDisplay.js"></script>
<canvas width="600" height="600" id="faceTrackCanvas"></canvas>
```

그 후에 비디오 캡처, 얼굴 탐지 및 추적을 시작합니다.

```javascript
var CVD
JEEFACEFILTERAPI.init({
  canvasId: "faceTrackCanvas",
  // NNC.json 파일 루트 디렉터리
  NNCpath: "https://appstatic.jeeliz.com/faceFilter/",

  // 비디오 스트림이 준비되고 lib 초기화될 때 호출됩니다.
  callbackReady: function(errCode, spec) {
    if (errCode) throw errCode
    CVD = JEEFACEFILTERAPI.Canvas2DDisplay(spec)
    CVD.ctx.strokeStyle = "yellow"
}, // callbackReady() 종료

  // 각 반복 렌더링에서 호출됩니다(드로잉 루프).
  callbackTrack: function(detectState) {
    if (detectState.detected > 0.6) {
      // 얼굴이 감지되었습니다!
      // 얼굴 주위에 테두리를 그립니다.
      var faceCoo = CVD.getCoordinates(detectState)
      CVD.ctx.clearRect(0, 0, CVD.canvas.width, CVD.canvas.height)
      CVD.ctx.strokeRect(faceCoo.x, faceCoo.y, faceCoo.w, faceCoo.h)
      CVD.update_canvasTexture()
    }
    CVD.draw()
  } // callbackTrack() 종료
})
```

감지 상태(detectState)는 감지 여부, 머리 회전 각도, 감지 프레임 중심점, 입모양 닫힘/열림의 속성을 가집니다.

7.5.2 Tracking.js로 얼굴 추적하기

Tracking.js는 웹브라우저를 위한 얼굴 감지 및 추적 자바스크립트 라이브러리입니다. 이미지 특징점 검출 알고리즘인 소벨(Sobel), 하르(Haar), Brief(Binary Robust Independent

Elementary Features)와 실시간 동영상 스트림에 사용되는 FAST(Features from Accelerated Segment Test) 알고리즘과 같은 다양한 설명자를 지원합니다. 이외에도 사전 학습된 비올라-존스 얼굴 모델, 눈 및 입 감지 모델을 제공합니다. 이번 절에서는 사전 학습된 얼굴 검출기를 살펴보고 웹캠 비디오에서 얼굴을 감지하는 데모 애플리케이션을 만들어 봅니다. tracking.js 공식 웹사이트(https://trackingjs.com/)에서 상세한 정보와 좋은 예를 찾을 수 있습니다.

tracking.js는 CDN 또는 bower, npm으로 설치할 수 있습니다. 사전 학습된 얼굴 설명자를 추가하고 웹캠에서 비디오 엘리먼트를 만듭니다.

```
<script src="//../tracking.js/1.1.3/tracking-min.js"></script>
<script src="//../tracking.js/1.1.3/data/face-min.js"></script>

<video id="player" width="480" height="320" preload autoplay loop muted></video>
```

이제 tracking 네임스페이스 내의 함수를 사용할 수 있습니다. 먼저, 트래커 객체를 설정하고 얼굴 특성을 초기화합니다. 트래커는 edgesDensity, initialScale, scaleFactor 및 stepSize 등 옵션을 사용해 조정할 수 있습니다. 이 파라미터는 비올라-존스 알고리즘의 계단식 구조를 제어하는 데 사용됩니다. 공식 API 문서(https://trackingjs.com/api/)에서 각 파라미터에 대한 설명을 찾을 수 있습니다.

```
const tracker = new tracking.ObjectTracker("face")
tracker.setInitialScale(2)
tracker.setStepSize(2)
tracker.setEdgesDensity(0.1)
```

마지막으로, 웹캠을 사용하여 트래커를 비디오 엘리먼트에 연결합니다. 그런 다음, 트래커에 콜백 함수를 등록하여 감지된 얼굴을 출력합니다. 얼굴 상자는 event.data 객체에 저장됩니다.

```
tracking.track("#player", tracker, { camera: true })
tracker.on("track", event => {
  event.data.forEach(face => {
```

```
    console.log(face.x, face.y, face.width, face.height)
  })
})
```

그림 7-9는 비올라-존스 얼굴 검출기를 사용한 결과입니다.

그림 7-9 비올라-존스 얼굴 검출기

7.5.3 크롬 얼굴 인식 API

앞서 보았듯이, 최신 웹브라우저에는 풍부한 이미지, 오디오 및 비디오 API가 있습니다. 2019년에 크롬 웹브라우저는 모양 감지(Shape Detection API)(https://git.io/Jedzn)를 제안했습니다. 크롬의 새로운 실험 기능은 앞으로 웹브라우저가 어떻게 변할지에 대한 방향성을 보여줍니다. 이 API를 사용하면 얼굴, 텍스트 및 바코드를 감지할 수 있습니다. 크롬57 이후 enable-experimental-web-platform-features 플래그를 사용하면 로컬에서 사용할 수 있습니다. HTMLImageElement, SVGImageElement, HTMLVideoElement, HTMLCanvasElement, Blob, ImageData, Image-Bitmap과 더불어 OffscreenCanvas 등 다양한 요소에서 얼굴 감지가 가능합니다. 얼굴 감지 API를 이용한 비디오 요소를 만들어 보겠습니다.

```
<video id="video" width="480" height="320" preload autoplay loop muted></video>
```

비디오 스트림을 시작한 후에 비디오 데이터에 액세스할 수 있습니다.

```
// 웹캠 시작하기
navigator.mediaDevices
  .getUserMedia({ video: true, audio: false })
  .then(stream => (player.srcObject = stream))
```

새 얼굴 검출기를 초기화하고 정확도보다 속도 향상을 위해 fastMode 옵션을 설정 했습니다. 탐지 가능한 얼굴 최대 수인 maxDetectedFaces를 10으로 설정했습니다. FaceDetector.detect() 메서드를 사용해 얼굴을 감지합니다.

```
// FaceDetector 초기화
const faceDetector = new FaceDetector({ maxDetectedFaces: 10, fastMode: true
})

// HTMLImage, HTMLCanvas 요소에서 얼굴을 감지합니다.
const faces = await faceDetector.detect(player)

console.log(faces)
// > [{
// boundingBox: {x: 210, y: 120, width: 100, height: 120 },
// landmarks: []
// }]
```

경우에 따라 boundingBox와 landmarks 속성을 포함시키거나, 현재 얼굴에 대해서 만 boundingBox를 지정할 수 있습니다. landmark에는 얼굴 경계면 안에 있는 눈과 입의 위치가 포함됩니다.

이 기본 얼굴 검색 API는 실험적인 기능일 뿐만 아니라 보다 풍부하고 기능이 풍부한 웹 응용 프로그램을 구축하는 데 매우 유망하고 흥미로운 것으로 보입니다. 컴퓨터 비 전 및 딥러닝 애플리케이션의 경우 훌륭한 추가 API가 될 것입니다.

7.6 정리

이번 장에서는 웹브라우저에서 데이터를 조작하는 많은 실제적인 방법을 보았습니다. **Protobuf.js**를 사용해 사전 학습된 딥러닝 모델을 브라우저에 직접 불러왔습니다. Caffe 모델뿐만 아니라 텐서플로 고정 그래프도 탐색할 수 있었습니다. 이 접근법은 Protobuf 형식을 기반으로 한 다른 프레임워크에서도 모델 아키텍처와 파라미터 직렬화를 할 때 사용할 수 있습니다.

두 번째로는 **Chart.js** 라이브러리로 다양한 차트를 그려보았습니다. 이 라이브러리는 캔버스 기반 고급 래스터화 차트 라이브러리로, 데이터를 지속적으로 업데이트해 차트를 렌더링하는 데 효율적입니다. 이후 캔버스에서 스케치를 그리고 펜 스트로크 데이터를 추출하고, 스펙토그램을 계산하여 오디오를 전처리하는 방법도 살펴보았습니다. 두 기술을 통해 딥러닝 학습을 크게 향상시킬 수 있습니다.

마지막으로, **FaceFilter**와 **tracking.js** 라이브러리를 사용해 얼굴 감지 애플리케이션을 간단히 만들어 보고 크롬 브라우저의 모양 감지 API도 살펴보았습니다.

다음 장에서는 실시간 동작 분류와 케라스 모델을 포팅해 Tensorflow.js 라이브러리를 사용한 딥러닝 애플리케이션 개발 과정에 대해 살펴보겠습니다.

TensorFlow.js 애플리케이션 개발

지금까지 딥러닝 웹브라우저 개발을 위한 다양한 자바스크립트 기초 개념과 도구를 살펴보았습니다. 이번 장에서는 앞서 배운 모든 지식을 사용해 간단하지만 기술의 잠재력을 느낄 수 있는 실제적인 애플리케이션을 개발해 봅니다.

각 절마다 다른 주제로 TensorFlow.js를 사용한 애플리케이션을 만들어 볼 것입니다. 데모 링크도 있습니다. 이후에 프로젝트에 사용된 딥러닝 알고리즘에 대해 알아봅니다. 애플리케이션 제작 과정에 대한 전반적인 설명과 TensorFlow.js 구성 요소에 대한 설명도 포함되어 있습니다

여기서 실습한 프로젝트를 발전시켜 나만의 딥러닝 애플리케이션을 제작해 보길 바랍니다.

8.1 TensorFlow.js를 활용한 동작 분류

이번 절에서는 TensorFlow.js와 웹캠을 사용해 가위바위보 게임을 만들어 보겠습니다. 데모 페이지(https://reiinakano.com/tfjs-rock-paper-scissors/)에서 게임을 해보세요.

이 프로젝트는 구글의 티처어블 머신(https://teachablemachine.withgoogle.com/) 프로젝트와 학습 메커니즘이 완전히 동일합니다. 'Train Rock' 버튼을 눌러 브라우저에 스냅샷이 표시되어 '주먹'을 인식하는 것을 가르치게 됩니다. 머신러닝 모델은 게임을 하는 동안 '바위' 동작을 했을 때 인식하는 방법을 학습합니다. 좀 더 견고하게 모델을 만들려면, '바위' 동작 시 각도와 위치가 다르게 바꿔가며 인식하도록 해야 합니다. 그렇지 않으면 손을 몇 인치만 이동해도 전혀 다른 동작을 취한다고 생각할 수도 있습니다. 흥미로운 점은 실제 손으로 가위, 바위, 보를 아는 것이 아니라 실제 사물인 가위, 바위, 종이를 보여줘도 됩니다!

학습을 시키지 않아도 웹브라우저는 웹캠을 지속적으로 스캔해 가위, 바위, 보를 분류합니다. 머신러닝 모델 크기가 작기 때문에 실시간으로 학습과 분류를 수행할 수 있습니다. 모델이 세 가지 동작 학습을 모두 마쳤나요? 이제 함께 만들어 보겠습니다.

8.1.1 알고리즘

코드를 보기 전에 가위바위보 게임 프로젝트에 사용된 예측 알고리즘에 대해 알아보겠습니다.

알고리즘의 가장 중요한 특징은 작은 용량과 빠른 추론입니다. 웹브라우저가 100MB 이상의 신경망을 다운로드해 한 동작을 인식하는 데 10초가 걸린다면 당연히 모든 사용자가 불평을 할 것입니다. 실시간이 아니기 때문이지요. 이 프로젝트에 사용된 신경망 모델은 **SqueezeNet**으로, 가벼우면서 작은 이미지 분류 문제에 정확도가 높은 신경망 구조를 갖고 있습니다. SqueezeNet은 0.5MB 용량이면서 ImageNet에서 AlexNet 레벨의 정확도를 내는 것으로 알려져 있습니다. 이 정도 정확도는 애플리케이션 제작에 충분합니다. 따라서 스마트폰이나 브라우저와 같이 메모리가 적고 처리 능력이 제한적인 환경에서 사용하기에 이상적입니다.

그러나 SqueezeNet만 사용하는 것은 아닙니다. 적은 양의 데이터로 학습을 시켜야 합니다. 모델에서 좋은 성능을 얻으려면 한 동작당 적어도 약 50개의 이미지가 필요합니다. 실제로 충분한 크기의 데이터 세트를 만들어 밑바닥부터 신경망을 학습시키는 경우는 거의 없습니다. 미리 잘 정돈된 대용량의 데이터 세트가 필요합니다. ImageNet은 대표적인 데이터 세트로, 100가지 분류(Category)에 대해 120만 개의 이미지를 갖고 있습니다. 그렇다면 어떻게 ImageNet에 비해 극소량의 데이터를 가지고 좋은 성능을 얻을 수 있을까요? 정답은 바로 **전이 학습**(transfer learning)입니다. 전이 학습은 특정한 상황에서 얻은 지식을 다른 상황에 맞게 활용하는 학습 방법입니다.

전이 학습의 과정은 간단합니다. 첫째, 사용 가능한 많은 데이터로 신경망을 훈련합니다. 이 데이터는 이미지 프로세싱 작업과 같이 실제 데이터와 유사한 데이터를 사용해야 합니다. 일반적으로 ImageNet을 사용해 신경망을 학습시킵니다. 이후 네트워크의 마지막 한두 개의 층을 잘라내어 남은 층으로 이미지를 실행합니다. 즉, ImageNet의 범주에 따라 자기 이미지를 분류하는 대신 각 이미지에 대한 중간 층의 출력을 얻습니다. 학습된 ImageNet 네트워크를 통해 나온 출력을 이미지 피처(feature, 특성)라고 합니다. 네트워크는 일반적으로 관련성이 높은 이미지 피처를 가진 입력을 분석합니다. 이미지가 ImageNet 이미지에 가까울수록 성능이 더 좋은 피처를 얻을 수 있습니다.

다른 분류자를 학습시키는 데 추출된 피처를 사용할 수 있습니다. 간단한 완전연결층을 피처 추출기에 연결하고 일반적인 학습 과정을 수행합니다. 이때를 제외하고는 원 신경망의 파라미터를 고정하고 연결된 네트워크의 가중치만 업데이트합니다.

전이 학습은 의료 영상 처리 분야에서 놀라운 성능을 보였습니다. 이 프로젝트에서는 ImageNet으로 학습된 SqueezeNet 끝부분에 작은 신경망을 연결하는 대신, KNN 분류기를 학습시키기 위해 추출 특성을 사용할 것입니다.

KNN 분류기는 인접한 샘플의 클래스를 조사하여 분류하는 머신러닝 모델입니다. 이 계산은 TensorFlow.js의 단일 연산인 행렬 곱셈을 통해 쉽게 수행할 수 있습니다. KNN 분류자를 훈련하는 것이 신경망을 훈련하는 것보다 훨씬 **빠르기** 때문에 (훈련 표본을 행렬에 추가하는 것만으로) 소량의 데이터로부터 학습할 수 있을 뿐만 아니라 우리 모델도 실제 훈련을 브라우저에서 받을 수 있습니다. 요약하자면, 우리의 모델은 다음과 같습니다.

- ImageNet에서 학습한 SqueezeNet을 사용하고, 두 번째 층부터 마지막 층까지 웹캠 이미지 피처 추출기로 사용합니다.

- 추출된 피처를 K-Nearest Neighbors 분류기에 대한 입력으로 사용하고 가위, 바위, 보를 학습합니다.
- 이미지 추론을 위해 SqueezeNet에서 이미지를 실행하고, 추출한 피처를 KNN 분류기에 입력하여 제스처를 감지합니다.

8.1.2 TensorFlow.js 프로젝트 시작하기

프로젝트 코드는 https://git.io/JedzC에서 확인할 수 있습니다. 우리는 npm 대신 **yarn**(https://yarnpkg.com/lang/en/)으로 의존성 패키지를 설치하고 관리하겠습니다. yarn은 npm의 버전 관리 문제점을 개선한 패키지 매니저로, 훨씬 빠르고 간편합니다. 공식 사이트에서 사용 방법을 자세히 살펴보길 바랍니다.

프로젝트 폴더 루트 package.json 파일에 프로젝트 이름, 버전, 라이선스 등 메타 데이터가 정의되어 있습니다. 특히, dependencies에는 애플리케이션에 필요한 모든 라이브러리가 정의되어 있는데, .js 파일에서 해당 패키지를 쉽게 불러올 수 있습니다. 이 실습 프로젝트에서는 deeplearn 0.5.0과 deeplearn-knn-image-classifier 0.3.0을 사용합니다. deeplearn은 TensorFlow.js를 포함하고 있고 deeplearn-knn-image-classifier는 이전 절에서 다룬 모든 모델 코드를 포함하고 있기 때문에 이 패키지를 사용하면 편리합니다. 프로젝트 루트에 yarn add ⟨패키지이름⟩으로 패키지를 설치합니다. 패키지가 다운로드되고 의존성에 추가되며, package.json과 yarn.lock에도 업데이트 됩니다. package.json 파일에는 yarn prep과 yarn start 두 스크립트 명령어가 있습니다. 이 두 명령어는 프로젝트 루트에서 실행합니다. 레퍼지토리를 다운받고 맨 처음 yarn prep을 실행해야 합니다. 모든 의존성 패키지가 설치되고 dist 폴더가 생성됩니다. dist 폴더는 빌드 단계에서 생성된 파일이 저장되는 곳입니다. yarn start는 로컬 개발 서버를 실행하는 명령어입니다. 로컬 호스트 주소는 localhost:9966입니다. 소스 코드가 변경될 때마다 자동으로 새로고침됩니다. 매우 편리하지요. 마지막으로 배포 전 yarn deploy를 실행합니다. yarn build 명령어를 먼저 실행해 browserify로 모든 자바스크립트 파일을 압축해 bundle.js로 만들어 줍니다. 이후 이 파일을 압축해 bundle.min.js를 만듭니다. 바로 이 파일이 실제 애플리케이션 배포에 사용되는 파일입니다.

8.1.3 KNN 분류기 설정

본격적으로 소스 코드를 살펴보겠습니다. 이 책은 웹브라우저 딥러닝에 관한 책이므로 이 부분에만 초점을 맞추겠습니다. 딥러닝과 관련 없는 부분은 바닐라 자바스크립트를 사용해 최대한 간단하게 작성했습니다. 딥러닝 소스 코드에 집중하기 위해 Vue나 React는 사용하지 않았습니다.

deeplearn-knn-image-classifier 패키지 내의 KNNImageClassifier 클래스에 대해 살펴보겠습니다. 이 클래스는 신경망 생성, 사전 훈련된 모델 가중치 다운로드, 훈련 이미지당 KNN 모델 조정 및 이미지 추론을 수행합니다. 프로젝트 루트 디렉터리에 있는 main.js 파일의 Main 클래스를 보겠습니다. 클래스는 브라우저 윈도우가 로드되면 즉시 인스턴스화됩니다. 클래스 생성자(constructor)에서 모든 변수를 초기화했습니다. 그 다음 부분이 KNNImageClassifier 새 객체를 선언한 곳입니다.

```
// KNN 모델을 초기화합니다.
this.knn = new KNNImageClassifier(NUM_CLASSES, TOPK)
// KNN 모델을 불러옵니다.
this.knn.load().then(() => this.start())
```

위 코드의 첫 번째 줄을 보겠습니다. KNNImageClassifier 객체를 만들어 변수 this.knn에 할당합니다. KNNImageClassifier 생성자는 두 인수인 numClasses와 k를 사용합니다. numClasses는 모델이 분류할 총 클래스 개수로, 가위, 바위, 보 세 가지 동작의 클래스이므로 3이 됩니다. k는 KNN 알고리즘을 위한 파라미터로, 클래스를 결정짓기 위해 몇 개의 '이웃(neighbors)'을 보는지를 정의합니다.

두 번째 줄은 KNNImageClassifier 인스턴스의 load() 메서드를 호출했습니다. 미리 훈련된 SqueezeNet의 가중치를 다운로드합니다. load() 메서드는 Promise를 반환하는 비동기 함수입니다. Promise는 SqueezeNet의 가중치 다운로드가 완료되면 해결되고, this.start()를 호출합니다. 이제 TensorFlow.js 프로세싱 루프를 시작할 준비가 되었습니다.

8.1.4 TensorFlow.js 프로세싱 루프

Main.start() 함수 코드는 아래에 해당합니다.

```
start() {
  this.video.play()
  this.timer = requestAnimationFrame(() => this.animate())
}
```

여기서 두 가지 작업이 수행됩니다. this.video.play()로 웹캠을 시작하고, this.animate()
로 TensorFlow.js 프로세싱 루프 첫 번째 이터레이션을 호출합니다. this.animate()는
requestAnimationFrame 메서드 내부에 있습니다. requestAnimationFrame 메서드
는 비동기 함수로, 브라우저에게 수행하기를 원하는 애니메이션을 알리고 다음 리페
인트가 진행되기 전에 해당 애니메이션을 업데이트하는 함수를 호출합니다. 이를 통해
브라우저 뷰포트의 새로고침 빈도를 프로세싱 루프와 동기화할 수 있습니다.

this.animate() 이터레이션이 끝날 때마다 뷰포트가 새로고침될 때까지 기다리고 다
음 이터레이션을 호출합니다. GPU의 많은 연산을 정렬하기 전에 브라우저에서 제대로
렌더링을 하기 위해 많이 쓰이는 방법입니다. 만약 브라우저가 중단되면 웹페이지를 사
용할 수 없게 됩니다.

this.timer 변수에 requestAnimationFrame 반환값을 할당할 수 있습니다. 이 애플
리케이션에서는 사용하지 않지만 프로세싱 루프를 중지하거나 일시 중지할 수 있는 옵
션을 다음과 같이 만들 수 있습니다.

```
stop(){
  this.video.pause()
  cancelAnimationFrame(this.timer)
}
```

이제 이터레이션에 일어나는 일을 살펴보겠습니다. animate() 함수 내의 다음의 코드
부터 시작합니다.

```
const image = dl.fromPixels(this.video)
```

dl.fromPixels 메서드는 브라우저 이미지를 픽셀 강도(pixel intensities)가 포함된 3차원 텐서로 변환합니다. ImageData, HTMLImageElement, HTMLCanvasElement, HTMLVideoElement를 사용할 수 있습니다. 우리는 웹캠을 사용하므로 HTMLVideo Element를 전달합니다. dl.fromPixel 메서드는 웹캠 이미지를 다른 TF.js 메서드와 함께 사용할 수 있는 Tensor3D로 변환합니다.

이제 다음의 코드를 보겠습니다.

```
// 버튼 중 하나를 누르면 분류를 위한 학습을 진행합니다.
if (this.training != -1) {
  // 분류기에 현재 이미지를 추가합니다.
  this.knn.addImage(image, this.training)
}
```

그 다음 코드를 보겠습니다.

```
const exampleCount = this.knn.getClassExampleCount()
if (Math.max(...exampleCount) > 0) {
  this.knn.predictClass(image)
  .then((res)=>{
    // 여기서 모델 예측 결과인 'res'로 여러 작업을 수행합니다.
  })
  .then(()=> image.dispose())
} else {
  image.dispose()
}
```

모델이 학습한 클래스마다 사용한 이미지 개수를 얻기 위해서 this.knn.getClass ExampleCount()를 호출합니다. 그런 다음, 모델이 한 개 이상 이미지를 학습하면 해당 모델을 사용해 해당 이미지의 클래스를 예측합니다.

이미지를 예측하기 위해 Tensor3D 객체를 KNN 이미지 분류기의 predictClass() 메서드로 전달합니다. predictClass() 메서드는 해당 이미지의 클래스를 추론하고 결과를 Promise로 반환하는 비동기 함수입니다. 추론이 완료되면 실행할 함수를 정의할 차례입니다. 추론 결과를 사용해 해당 변수, 텍스트 및 이미지를 업데이트해 UI를 변경할 수 있습니다. .then() 메서드는 Promise를 반환하므로 이어서 then()을 연결할 수 있습니다. 여기서는 이미지 Tensor3D의 dispose() 메서드를 호출했습니다. 특정 텐서와 관련된 GPU 메모리를 비우는 역할을 합니다. 메모리를 비우지 않으면 프로세싱 루프를 반복할 때마다 이미지 텐서 객체를 지속적으로 할당하게 되어 메모리 누수가 발생하기 때문에 공간이 부족하게 됩니다.

마지막으로, 아직 모델이 아무 클래스를 학습하지 않은 상태라면 추론 단계를 건너뛰고 image.dispose()를 사용하여 이미지 텐서를 버립니다.

위 전체 과정을 간단히 요약해 보겠습니다.

1. 웹캠에서 이미지를 캡처하고 tf.fromPixels를 사용하여 Tensor3D로 변환합니다.
2. 현재 동작 인식 학습 과정 중인지를 확인합니다. 학습 중이라면 KNNImage Classifier.addImage() 메서드로 이미지와 해당 레이블을 모델에 추가합니다.
3. 모델이 최소한 이미지 한 개 이상으로 학습했는지를 확인합니다. 그렇다면 KNNImageClassifier.predictClass() 메서드로 처리 중인 현재 이미지를 추론합니다. 결과에 따른 클래스 변수 및 UI 요소를 업데이트합니다.
4. Tensor 객체의 .dispose() 메서드를 사용하여 이미지를 삭제합니다.
5. requestAnimationFrame 메서드를 사용해 프로세싱 루프 다음 이터레이션마다 this.animate() 함수를 호출합니다. requestAnimationFrame은 루프를 반복하기 전에 브라우저가 뷰포트를 다시 그릴 시간을 벌어 줍니다.
6. 다시 1단계부터 반복합니다.

아직 살펴보지 않은 두 함수 startGame()과 resolveGame()이 있습니다. 이들 함수에는 브라우저로 가위바위보 게임을 실행하기 위한 실제 코드가 포함되어 있습니다. 전체 게임 로직을 처리하며 TensorFlow.js 프로세싱 루프에서 설정한 내부 변수를 확인하고 사용자가 현재 카메라에서 어떤 동작을 하고 있는지를 확인하기 위해 UI를 업데이트합니다. TensorFlow.js 메서드를 사용하지 않기 때문에 자세히 설명하지 않겠습니다.

여러분들이 스스로 이해해 보길 바랍니다. 호출하지 않으므로 이 두 함수에 대해 자세히 설명하지 않습니다. 그것들을 이해하는 것은 여러분에게 숙제로 남기겠습니다.

8.1.5 정리

이번 절에서는 KNN 이미지 분류기 모델을 사용해 웹캠에서 가위바위보 게임을 하는 애플리케이션을 만들어 보았습니다. 프로세스 루프 동안 웹캠 이미지를 전달해 모델을 학습시키는 방법도 살펴보았습니다. 이를 발전시켜 여러분만의 애플리케이션을 만들어 보면 어떨까요?

8.2 TensorFlow.js를 활용한 텍스트 생성 애플리케이션 개발

TensorFlow.js의 강점은 케라스나 텐서플로로 만든 모델을 실행할 수 있다는 점입니다. 이번 절에서는 케라스 모델의 변환이 얼마나 쉬운지 알게 될 것입니다. 프로젝트 데모는 https://reiinakano.com/tfjs-lstm-text-generation/에서 확인하세요.

8.2.1 알고리즘

케라스 공식 깃허브 저장소(https://git.io/JedzW)에서 많은 예제 모델이 공개되어 있습니다. 이들 중 하나를 선택해 딥러닝 애플리케이션을 제작할 수도 있습니다. 여기에 있는 대부분의 모델은 TensorFlow.js로 변환될 수 있지만, 브라우저가 모델을 로드하는 데 부담이 적고, 신경망이 훨씬 더 빠르게 예측하게 만들기 위해 상대적으로 용량이 적고 가벼운 모델을 선택할 것입니다. 이를 통해 사용자에게 즉각적인 피드백을 줄 수 있어 전반적인 사용자 경험을 향상시킬 수 있습니다.

다양한 모델 예제 중 **LSTM 텍스트 생성 모델**(https://git.io/Jedzl)을 선택했습니다. 이 모델은 니체 작문을 학습한 간단한 LSTM입니다. 네트워크 크기도 메가바이트의 절반 이

하로, 우리 기준에 부합하는 모델입니다. 40자의 텍스트 세그먼트가 주어지면 그 다음 문자를 예측하도록 훈련합니다.

훈련된 모델과 시드(seed)로 쓰일 간단한 텍스트가 주어지면 다음과 같이 반복하여 새로운 텍스트를 생성합니다.

먼저, 40자 텍스트 세그먼트(Seed(시드)라고도 부름)를 입력하고 무작위로 새로운 글자를 샘플링합니다. 다음으로, 시드의 첫 번째 문자를 제거하고 끝에 새로 예측된 문자를 추가해 새로운 40자 세그먼트를 생성합니다. 생성된 텍스트 세그먼트를 입력해 다음 글자를 얻습니다. 우리가 원하는 길이만큼 완벽하게 문장이 생성될 때까지 이 과정을 계속 반복합니다.

8.2.2 케라스 모델

사용할 신경망은 128개의 유닛으로 구성된 매우 단순한 단일 계층 LSTM입니다. 출력층은 N 출력과 함께 완전연결층에 연결됩니다. 여기서 N은 전체 텍스트 코퍼스의 고유 문자 개수입니다. 모델은 단 4줄의 코드로 만들어집니다.

```
model = Sequential()
model.add(LSTM(128, (input_shape = (maxlen, len(chars)))))
model.add(Dense(len(chars)))
model.add(Activation("softmax"))
```

케라스 모델 예제 코드인 **lstm_text_generation.py**(https://git.io/Jedzl)에 학습 후에 가중치를 저장하도록 수정합니다. 모든 에포크가 끝나는 지점에 호출되는 on_epoch_end 함수에 다음의 코드를 추가합니다.

```
def on_epoch_end(epoch, logs):
  model.save('lstm.h5' % epoch) ...
```

이 코드는 에포크가 끝날 때마다 .h5 파일에 가중치를 저장하는데, 이 파일을 가지고 우리는 TensorFlow.js 모델로 변환할 수 있습니다.

8.2.3 케라스 모델을 TensorFlow.js 모델로 변환하기

TensorFlow.js를 사용해 케라스 모델을 TensorFlow.js 모델 객체로 쉽게 변환할 수 있습니다. 자세한 내용은 텐서플로 공식 문서에서 확인할 수 있습니다. 이번 장에서는 빠르게 전반적인 내용을 살펴보겠습니다.

lstm_text_generation.py 파일을 실행하면 작업 디렉터리에 lstm.h5라는 파일이 생깁니다. 이 파일은 케라스 모델 그래프와 에포크당 가중치가 담겨 있습니다. TensorFlow.js에서 모델을 다시 만드는 데 필요한 모든 정보가 들어 있습니다.

TensorFlow.js는 케라스 .h5 파일을 변환해 주는 tensorflowjs_converter 변환기 도구를 제공합니다. 콘솔 창을 열고 pip install tensorflowjs를 설치한 후, 다음의 명령어를 입력해 모델을 변환합니다.

```
$ tensorflowjs_converter --input_format keras \
  path/to/my_model.h5 path/to/tfjs_target_dir
```

path/to/my_model.h5를 .h5 파일이 있는 경로로 바꾸고 path/to/tfjs_target_dir 은 브라우저에서 액세스할 수 있는 디렉터리로 바꿔야 합니다.

위 명령어를 실행한 후 tfjs_target_dir 디렉터리 안을 살펴보세요. 아마 다음과 같은 파일이 만들어졌을 것입니다.

```
$ ls path/to/tfjs_target_dir
group1-shard1of1  group2-shard1of1  model.json
```

model.json 파일을 살펴보면 LSTM 모델을 구성하는 전체 그래프와 층당 저장된 가중치의 위치가 포함되어 있습니다. group1-shard1of1과 group2-shard1of1은 저장된 가중치가 들어 있습니다. tfjs_target_dir 내의 파일들은 TensorFlow.js가 브라우저에서 케라스 모델을 정확하게 재현하는 데 필요한 모든 정보가 들어 있습니다.

8.2.4 프로젝트 설치하기

가위바위보 프로젝트와 거의 동일한 설정을 사용합니다. deeplearn-knn-image-classifier는 필요 없습니다. 간단히 개발 환경 구축을 되짚어 보자면, yarn prep 명령어를 시작해 프로젝트를 시작합니다. 개발 서버를 실행하려면 yarn start를 실행하고 localhost:9966으로 들어갑니다. yarn add 〈패키지-이름〉 명령어로 패키지를 설치합니다. 배포 단계에서 yarn build와 yarn deploy 명령어를 실행합니다.

8.2.5 TensorFlow.js로 케라스 모델 가져오기

변환된 케라스 모델을 TensorFlow.js 모델로 가져오는 것은 매우 쉽습니다. tf.loadModel을 호출하면 됩니다. 다음의 예제 코드를 보겠습니다.

```
tf.loadModel("lstm/model.json").then(model => {
  this.model = model
  this.enableGeneration()
})
```

tf.loadModel은 비동기 함수로, tensorflowjs_converter 변환 단계에서 생성된 가중치가 저장된 model.json 파일에서 모델을 로드합니다. 이 함수가 반환하는 Promise는 새로 생성된 TensorFlow.js Model 인스턴스로 해결됩니다. 다른 Model 객체와 마찬가지로 우리는 predict 메서드를 사용해 예측을 생성할 수 있습니다. 여기서는 반환된 모델을 this.model 변수에 저장하여 나중에 액세스할 수 있습니다. 또한, this.enableGeneration 메서드를 호출하여 모델을 통해 예측 생성을 시작할 수 있음을 사용자에게 알리는 UI를 업데이트합니다.

tf.loadModel의 경로는 상대 경로입니다. XMLHttpRequest(XHR) 객체에서 상대 경로를 설정했듯이, TensorFlow.js가 mydomain.com/lstm/model.json에서 model.json을 가져올 때 필요합니다. 구글 클라우드 스토리지나 아마존 등과 같이 외부에서 리소스를 가져오는 경우 절대 경로를 전달할 수 있습니다.

8.2.6 TensorFlow.js 프로세싱 반복문

이전 애플리케이션과 다르게, TensorFlow.js를 계속 실행하지 않아도 됩니다. 'Generate new text(새로운 텍스트 생성하기)' 버튼을 클릭했을 때만 예측을 생성하면 됩니다. 사용자가 이 버튼을 클릭했을 때 실행되는 비동기 함수 generateText를 정의합니다.

```
this.generateButton.onclick = () => {
  this.generateText()
}
```

generateButton을 클릭할 때마다 비동기 프로세싱 루프가 실행되고 예측이 생성됩니다. 비동기 프로세싱 루프는 UI 변화가 있습니다.

```
async generateText() {
  this.generatedSentence.innerText = this.inputSeed.value
  this.generateButton.disabled = true
  ...
}
```

사용자가 입력한 텍스트를 모델의 생성된 텍스트를 표시하는 엘리먼트로 복사합니다. 처음 입력을 생성된 텍스트의 시작으로 간주하고 나머지는 생성된 문자의 기초로 사용합니다. 사용자가 현재 프로세싱 루프가 실행되는 도중에 다른 프로세싱 루프를 시작하지 않도록 generateButton 엘리먼트를 비활성화합니다.

```
for (let i = 0; i < CHARS_TO_GENERATE; i++) {
  const indexTensor = tf.tidy(() => {
    const input = this.convert(this.generatedSentence.innerText)
    const prediction = this.model.predict(input).squeeze()
    return this.sample(prediction)
  })
  const index = await indexTensor.data()
  indexTensor.dispose()
  this.generatedSentence.innerText += indices_char[index]
  await tf.nextFrame()
}
```

CHARS_TO_GENERATE는 네트워크에서 생성하는 문자 수를 말합니다. 지금 모델은 하나씩 다음 문자를 예측하기 때문에 총 CHARS_TO_GENERATE 횟수만큼 프로세싱 루프를 실행합니다.

첫 번째 프로세싱 루프에서 **tf.tidy**를 호출합니다. **tf.tidy**는 클로즈 내부에서 생성된 모든 텐서를 추적하고 함수가 종료된 후에 메모리를 해제하기 때문에 GPU 메모리를 관리할 수 있습니다. **tf.tidy** 함수는 모델이 생성하는 다음 문자의 인덱스를 포함하는 텐서인 indexTensor를 반환합니다. 이 시점에서 신경망은 문자를 직접 생성할 수 없으므로 숫자 인덱스에서 코퍼스의 고유한 문자로 매핑을 만듭니다. 이러한 매핑은 indices_char(인덱스 고유 문자) 및 char_indices(고유 문자 인덱스) 변수가 있습니다. 텍스트 일부를 모델 입력으로 변환하거나 모델 출력을 텍스트로 변환할 때마다 사용됩니다.

indexTensor로부터 데이터를 추출한 후, indexTensor가 차지한 GPU 리소스를 원상태로 만들기 위해 indexTensor.dispose()를 호출했습니다.

index를 해당 문자에 매핑하기 위해 indices_char를 사용합니다. 이를 사용자에게 표시하기 위해 generatedSentence에 추가합니다. 마지막으로, **await tf.nextFrame()**은 이전 애플리케이션에서 사용한 **requestAnimationFrame**과 동일한 목적을 수행합니다. 프로세싱 루프의 다음 이터레이션을 시작하기 전에 브라우저가 새로고침할 준비가 될 때까지 기다려야 합니다. 이로써 방금 생성한 문자를 바로 브라우저에 표시할 수 있습니다. 반대로, 호출이 없으면 브라우저는 전체 프로세싱 루프가 걸리는 시간 동안 정지한 후에 새로 생성된 모든 텍스트를 한 번에 표시하기 때문에 사용자 경험을 해치게 됩니다.

8.2.7 모델 입력 구성하기

앞서 작성한 **tf.tidy** 호출 내용을 살펴보겠습니다. **tf.tidy**는 네트워크가 주어진 텍스트의 다음 문자를 예측하는 역할을 합니다. 입력을 Tensor 객체로 변환해 Model에서 다룰 수 있게 해봅시다.

```
const input = this.convert(this.generatedSentence.innerText)
```

this.generatedSentence.innerText는 지금까지 생성된 모든 텍스트를 가지고 있습니다. 프로세싱 루프 첫 시작 부분에는 시드 텍스트가 포함됩니다. 새로 생성된 모든 문자가 이 변수에 추가되고, 모델에 대한 새 입력으로 사용됩니다. convert 함수의 일부 코드는 다음과 같습니다.

```
convert(sentence) {
  sentence = sentence.toLowerCase()
  sentence = sentence.split('').filter(x => x in char_indices).join('')
  if (sentence.length < INPUT_LENGTH) {
    sentence = sentence.padStart(INPUT_LENGTH); }
  else if (sentence.length > INPUT_LENGTH) {
    sentence = sentence.substring(sentence.length - INPUT_LENGTH)
  }
  ...
}
```

텍스트를 소문자로 변환하고 코퍼스에 없는 문자를 제거하는 등 간단한 텍스트 전처리 작업을 수행합니다.

우리 모델은 INPUT_LENGTH 길이의 문자 블록을 예측하도록 훈련되었음을 기억해야 합니다. (이 경우 INPUT_LENGTH는 40입니다.) sentence 변수가 이보다 길다면 텍스트 앞 문자를 잘라냅니다. sentence 변수가 더 짧으면 입력의 왼쪽을 공백 문자로 채웁니다.

전처리 후에 입력 텍스트 길이가 40자인 Tensor를 생성합니다. Tensor는 [1, INPUT_LENGTH, num_unique_chars]로 표현됩니다. 첫 번째 차원은 배치 차원입니다. 원 케라스 모델은 배치를 사용해 교육되었기 때문에 모델에 배치 입력이 필요합니다. 이터레이션 당 하나의 입력을 가지므로 배치 차원을 1로 유지합니다. 이제 INPUT_LENGTH와 num_unique_chars를 보겠습니다. 텍스트의 각 문자는 한 행으로 표시되며, 각 행에는 num_unique_chars 열이 있습니다. 각 열은 원 텍스트 코퍼스의 고유한 문자를 나타냅니다. 각 행에 대해 고유한 문자에 해당하는 열은 1로 표시되고 나머지는 0으로 표시됩니다.

예를 들면, 텍스트 길이가 4자인 텍스트 코퍼스에서 'cat'을 텐서로 표현하면 다음과 같습니다.

	a	b	c	t
c	0	0	1	0
a	1	0	0	0
t	0	0	0	1

이 인코딩 형식은 원 핫 인코딩(one hot encoding)으로, 머신러닝 분야 중 텍스트 처리를 위해 가장 많이 사용되는 형식입니다.

다음의 코드는 원 핫 인코딩으로 텍스트를 텐서로 변환한 부분입니다.

```
const buffer = tf.buffer([1, INPUT_LENGTH, Object.keys(indices_char).length])
for (let i = 0; i < INPUT_LENGTH; i++) {
  let char = sentence.charAt(i)
  buffer.set(1, 0, i, char_indices[char])
}
const input = buffer.toTensor()
return input
```

일반적인 텐서 객체는 변경할 수 없기 때문에 초기화 도중 텐서의 값을 하나씩 설정하려고 할 때 문제가 발생합니다. 이 문제를 tf.TensorBuffer 메서드로 해결할 수 있습니다. tf.TensorBuffer는 .set() 메서드를 사용해 값을 하나씩 설정하고, 이후 단일 .toTensor() 메서드를 호출해 실제 텐서 객체로 변환할 수 있습니다.

먼저, tf.buffer로 원하는 형태의 tf.TensorBuffer를 만듭니다. 입력 텍스트에서 각 문자의 원 핫 인코딩으로 필드를 채운 후, buffer.toTensor()를 사용해 실제 텐서 객체로 변환하고 이 값을 반환하겠습니다.

8.2.8 예측 구현

tf.tidy 호출의 다음 단계는 LSTM 모델을 통해 새로 만든 입력을 실행하는 것입니다. 모델은 코드 한 줄로 만들어집니다.

```
const prediction = this.model.predict(input).squeeze()
```

모델의 출력 텐서 형태는 [num_batches, num_unique_chars]입니다. LSTM은 특정 문자 바로 위치에 고유 문자가 올 확률을 계산합니다.

다음은 배치 크기가 1인 LSTM 모델의 출력값 예제입니다.

a	b	c	t
0.1	0.2	0.4	0.3

우리 모델은 그 다음 문자로 'c'일 확률이 40%, 'a'일 확률이 10%라고 판단했습니다.

모델 출력 부분에 .squeeze() 메서드를 호출했습니다. 배치 크기는 1이기 때문에 필요 없는 차원을 제거하고 외부 치수를 제거하여 [num_unique_chars] 형태의 텐서만 남길 수 있습니다.

8.2.9 모델 출력 샘플링

모델의 출력을 얻고 나서 마지막 단계는 실제로 다음에 올 문자를 선택하는 것입니다. 모델은 입력 텍스트에서 다음 문자가 될 확률을 출력합니다. 가장 간단한 방법은 확률이 가장 높은 값의 문자를 선택하는 것입니다. 그러나 단점은 모델이 문자 공간을 탐색하지 못한다는 점입니다. 예를 들어, 입력 텍스트가 'ca'에 대한 LSTM 출력값이 다음과 같다고 가정해 봅시다.

a	b	c	t
0.399	0.2	0.4	0.3

간단하게 다음 문자로 't'를 선택하여 'cat'이라는 단어를 만듭니다. 그러나 'b'를 선택하면 'cab'이라는 단어가 만들어집니다. 유효한 단어도 형성됩니다. 'c'도 역시 가능합니다. 'cactus' 또는 'cache' 단어를 만들지도 모릅니다. 이와 같이 'b', 't' 및 'c'는 단어를 구성할 수 있어 가치가 있습니다. 만약 확률이 제일 높은 문자를 항상 선택한다면 항상 'cat'이라는 단어가 나올 것입니다.

sample 함수는 모델 샘플링을 수행합니다.

sample 함수의 첫 번째 줄은 특정 DIVERSITY 상수를 기반으로 모델의 예측을 조정합니다.

```
sample(prediction) {
  return tf.tidy(() => {
    prediction = prediction.log()
    const diversity = tf.scalar(DIVERSITY)
    prediction = prediction.div(diversity)
    prediction = prediction.exp()
    adjustedPred = prediction.div(prediction.sum())
    ...
  })
}
```

이 코드에 무슨 일이 일어나고 있는지 이해를 돕기 위해 입력과 DIVERSITY의 값을 예를 들어 설명하겠습니다.

prediction 값이 1차원 텐서 [0.25, 0.1, 0.2, 0.45]라고 해봅시다.

DIVERSITY가 1.0이면 adjustedPred는 [0.25, 0.1, 0.2, 0.45]가 됩니다.

DIVERSITY가 10이면 adjustedPred는 [0.2531058, 0.2309448, 0.2475205, 0.268429]가 됩니다.

DIVERSITY가 0.1이면 adjustedPred는 [0.0027921, 3e-7, 0.0002998, 0.9969078]이 됩니다.

이해가 되셨나요? DIVERSITY가 1.0이면 모델 출력은 그대로 유지됩니다. DIVERSITY가 높아지면 adjustPred의 확률이 더 고르게 분포됩니다. 반대로, DIVERSITY가 낮아지면 확률 차가 커지게 되어 값이 높은 문자가 선택됩니다. 이 방법을 사용하면 모델이 다른 문자를 어느 정도 탐색해야 하는지를 조절할 수 있습니다. DIVERSITY를 너무 높이면 당연히 무작위로 문자가 선택될 것이고, 너무 낮게 설정하면 확률이 가장 높은 문자가 선택됩니다.

따라서 적당한 수준으로 DIVERSITY를 조정한 후, 다음의 코드를 통해 출력된 확률로부터 무작위로 샘플을 추출합니다.

```
adjustedPred = adjustedPred.mul(tf.randomUniform(adjustedPred.shape))
return adjustedPred.argMax()
```

adjustPred의 각 요소에 0과 1 사이의 임의의 값을 곱합니다. 이렇게 되면 확률이 낮은 문자가 확률이 높은 문자에 비해 우위에 있는 경우도 생깁니다. 따라서 tf.randomUniform을 곱한 후 .argMax() 호출을 사용해 확률이 가장 높은 문자를 선택합니다.

8.2.10 마치며

이번 절에서는 케라스에서 학습한 LSTM 모델을 다음과 같은 단계를 거쳐 TensorFlow. js로 변환했습니다.

1. 케라스에서 모델을 빌드, 학습 및 저장합니다.
2. **tfjs-converter**를 사용해 케라스 모델 .h5 파일을 TensorFlow.js 형식으로 변환합니다.
3. **tf.loadModel**로 모델을 불러옵니다.
4. 입력을 모델이 읽을 수 있는 텐서 포맷으로 변환합니다.
5. **Model.predict(input)**으로 모델에서 출력을 생성합니다.
6. 모델 출력을 위해 후처리로 다음 문자를 얻기 위해 모델의 출력을 샘플링합니다.

8.3 TensorFlow.js를 활용한 이미지 노이즈 제거

손글씨 숫자 이미지에서 노이즈를 제거하고 TensorFlow.js에서 실행되는 신경망을 구축해 보겠습니다. 이 애플리케이션을 통해 TensorFlow.js에서 기본적인 이미지 처리 작업을 어떻게 하는지 알 수 있을 것입니다. 이전 애플리케이션과 동일하게 케라스 모델을 tensor-flowjs_converter를 사용해 TensorFlow.js로 형태로 변환합니다. 실제 애플리케이션 데모는 다음의 링크에서 볼 수 있습니다. https://reiinakano.com/tfjs-autoencoder/

8.3.1 알고리즘

이번 애플리케이션에서는 **오토인코더(autoencoder)**의 변형인 **노이즈 제거 오토인코더 (denoising autoencoder)**를 사용합니다.

오토인코더란, 입력에서 계산된 출력이 입력과 비슷해지도록 비지도 학습으로 훈련되는 신경망을 말합니다. 단순히 입력을 복사하는 것이 무슨 의미가 있는지 이해가 안될 수도 있습니다. 데이터를 압축(차원을 축소)한다거나, 입력 데이터에 노이즈를 추가한 후 원본 입력을 복원할 수 있도록 네트워크를 학습시키는 등 다양한 오토인코더가 있습니다.

그림 8-1은 아주 간단한 오토인코더 아키텍처입니다.

중간층으로 갈수록 입력 뉴런 개수가 점차 작아지다가 다시 원래 크기로 되돌아오는 것을 볼 수 있습니다. 이처럼 신경망을 훈련시켜 입력을 다양한 형태로 변형할 수 있다면 **압축(compression)** 알고리즘을 효과적으로 구축할 수 있을 것입니다. 입력 피처 784개는 중간층에서 원 이미지를 재구성하여 28개의 피처로 표현됩니다. 오토인코더의 전반부는 **인코더(encoder)**로 784개 입력 피처를 28개로 축소하여 인코딩합니다. 후반부는 **디코더(decoder)**로 인코딩한 이미지를 다시 원본 이미지로 디코딩하는 것을 배웁니다.

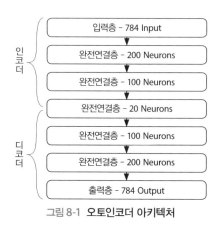

인
코
더

입력층 – 784 Input

완전연결층 – 200 Neurons

완전연결층 – 100 Neurons

완전연결층 – 20 Neurons

디
코
더

완전연결층 – 100 Neurons

완전연결층 – 200 Neurons

출력층 – 784 Output

그림 8-1 **오토인코더 아키텍처**

중요한 점은 오토인코더가 데이터에서 압축 가능한 패턴과 중복 요소를 찾을 수 있도록 학습에 사용되는 입력 데이터(이미지 또는 오디오)가 유사해야 합니다. 예를 들어, 숫자 손글씨를 학습한 오토인코더는 숫자 7을 중간에 가끔 대시(-)로 쓰기도 합니다. 이 대시 길이를 인코딩된 표현 중 하나로 표시하도록 선택할 수 있습니다. 실제로는 인코딩된 표현에서 각기 다른 28가지 피처의 의미를 알 수 없습니다. 네트워크는 역전파를 통해 많은 양의 데이터를 보고 자체적으로 입력 피처를 학습합니다.

노이즈 제거 오토인코더는 오토인코더의 변형으로 입력 데이터에서 노이즈를 제거하도록 학습되었습니다. 아이디어는 생각보다 간단합니다. 오토인코더는 특정 데이터 집합의 중복성과 패턴을 나타내는 법을 학습하여 인코딩된 데이터에서 노이즈를 제거합니다.

따라서 디코딩 단계에서 노이즈가 없는 원본 이미지를 제공해야 합니다. 노이즈 제거 오토인코더 학습을 시키기 위해서는 노이즈가 섞인 입력 샘플을 전달하고 예상 출력으로 노이즈가 없는 원본 이미지 데이터를 사용합니다.

이 데모에서는 케라스에 내장된 노이즈 제거 오토인코더와 학습된 MNIST 데이터베이스 모델을 사용합니다.

8.3.2 케라스 모델을 TensorFlow.js 모델로 변환하기

케라스 노이즈 제거 오토인코더 소스 코드는 https://git.io/JedzB에서 확인할 수 있습니다. 케라스 파이썬 코드에 대해 자세히 설명하지 않지만, 노이즈 제거 오토인코더에 사용된 아키텍처 구조는 다음과 같습니다.

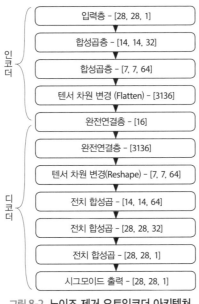

그림 8-2 **노이즈 제거 오토인코더 아키텍처**

28 × 28인 원본 이미지는 16개의 피처를 가진 잠재 벡터(latent vector)로 축소됩니다. 학습 후에 16개의 피처는 노이즈와 관련된 정보가 아닌, 손글씨를 재구성할 수 있는 정보를 가집니다.

이전 애플리케이션에서 학습 모델이 포함된 .h5 파일을 저장하려면 스크립트를 수정해야 합니다. autoencoder.fit(…) 메서드를 호출한 후 autoencoder.save("path/to/my_model.h5") 행을 추가합니다. 그리고 스크립트를 실행하여 학습시키고 노이즈 제거 오토인코더를 저장합니다.

이 단계 후에 tensorflowjs_converter를 사용해 .h5 파일을 TensorFlow.js 호환 형식

으로 변환합니다.

```
$ tensorflowjs_converter --input_format keras \ path/to/my_model.h5 path/to/
tfjs_target_dir
```

케라스 스크립트를 보면 데이터 세트가 교육용과 테스트용으로 나뉘어져 있습니다. 이제 노이즈 제거 오토인코더가 새로운 숫자 이미지도 잘 인식하는지 확인해야 합니다. 실제로 데모에서는 '새 숫자 이미지 불러오기(Load New Digit)' 버튼을 클릭할 때마다 오토인코더 학습에 사용되지 않는 테스트 세트에 있는 새 이미지를 불러옵니다.

8.3.3 프로젝트 설치

이 프로젝트 역시 외부 패키지는 tfjs만 사용하기 때문에 LSTM 텍스트 생성 애플리케이션에서 사용한 package.json 파일에 있는 의존성을 그대로 사용할 수 있습니다.

8.3.4 초기화

항상 그렇듯이, 애플리케이션 내의 Main 클래스에 있는 constructor 메서드에는 다양한 UI 요소를 제어하는 코드가 포함되어 있습니다.

이 프로젝트에서는 원본 이미지, 노이즈가 있는 이미지, 오토인코더로 복원된 이미지 컨테이너인 총 세 가지 HTML canvas 요소를 사용합니다.

'Load new digit(새 숫자 이미지 불러오기)' 버튼 내의 onclick 콜백은 updateInputTensor() 메서드로, 'Reapply noise(노이즈 다시 적용하기)' 버튼의 콜백은 updateNoiseTensor() 메서드로 설정합니다.

마지막으로, 모델을 불러옵니다.

```
tf.loadModel("model/model.json").then(model => {
  this.model = model
  this.enableGeneration()
})
```

이전과 마찬가지로 모델이 성공적으로 로드된 후 실행되는 화살표 함수를 설정했습니다. 화살표 함수에서 model을 this.model에 저장하고 this.initializeTensors() 메서드를 호출해 새로 로드된 모델을 사용해 초기 Tensor 객체를 설정합니다. initializeTensors() 메서드에 대해서는 뒤에서 다시 자세히 설명하겠습니다.

8.3.5 애플리케이션 동작 흐름

이 애플리케이션에는 'Load new digit'와 'Reapply noise' 두 버튼이 있습니다.

'Load new digit'는 서버에서 무작위로 숫자 이미지를 불러오고 노이즈를 추가한 후, 모델을 통해 왜곡된 이미지를 실행합니다.

'Reapply noise'는 무작위로 노이즈를 생성하고 숫자 이미지에 노이즈를 적용시킨 후, 모델을 통해 다시 왜곡된 이미지를 실행합니다.

오토인코더를 통해 항상 새로운 왜곡된 숫자 이미지를 실행할 때 주의해야 합니다. 우리는 아주 작은 모델이고 예측 생성도 빠르기 때문에 허용됩니다. 규모가 크고 속도가 느린 모델의 경우는 model.predict() 호출을 초기화하는 다른 버튼을 만들 수 있습니다.

이 애플리케이션 동작 흐름은 주요 텐서 객체인 이미지 텐서, 노이즈 텐서, 왜곡된 이미지 텐서, 노이즈가 제거된 이미지 텐서를 따르고 있습니다. 각 텐서는 this.inputTensor, this.noiseTensor, this.distortedTensor, this.fixedTensor 변수에 저장됩니다. 그림 8-3에서 관계를 확인할 수 있습니다.

inputTensor 또는 noiseTensor를 변경하면 마치 낙수효과처럼 distortedTensor와 fixedTensor 모두 변경됨을 알 수 있습니다. 텐서 객체의 업데이트를 담당하는 네 가지 메서드는 updateInputTensor(), updateNoiseTensor(), updateDistortedTensor(), updateFixedTensor()입니다. 이들 메서드 간에 상호 작용이 전체 애플리케이션의 동작 흐름을 결정합니다.

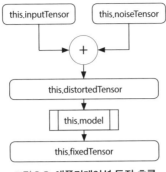

그림 8-3 애플리케이션 동작 흐름

8.3.6 테스트 이미지 불러오기

updateInputTensor() 메서드를 좀 더 살펴보겠습니다.

```
updateInputTensor() {
  let randInt = Math.floor(Math.random() * 1002)
  let temp = new Image()
  temp.src = 'test_digits/' + randInt + '.png'
  temp.onload = () => {
    ...
  }
}
```

0부터 1001까지 난수를 선택하여 시작합니다. 이 숫자로 1,002개의 임의의 PNG 이미지 파일 경로를 test_digits/*.png로 만들고 해당 이미지를 불러옵니다. 최종 목표는 이 이미지 내의 특정 픽셀을 0부터 1까지 그레이스케일로 표현하기 위해 [28, 28, 1] 형태의 텐서로 변경하는 것입니다. PNG 이미지를 수동으로 불러와 구문 분석할 수 있겠지만, tf.fromPixels() 메서드를 사용할 수 있습니다. tf.fromPixels()는 특정 HTML 요소에서만 작동하므로 임시 HTMLImageElement를 만들어 변수 temp에 저장합니다. 그리고서 temp.src를 test_digits/*.png로 설정하면 브라우저가 숫자 이미지를 비동기로 불러옵니다.

정상적으로 이미지를 불러온 후 tf.fromPixels()를 실행하기 위해 temp.onload 메서드에 다른 화살표 함수로 콜백을 등록합니다.

```
updateInputTensor() {
  ...
  temp.onload = () => {
    if (this.inputTensor) {
      this.inputTensor.dispose()
    }
    this.inputTensor = tf.tidy(() => tf.fromPixels(temp, 1).toFloat()
                                         .div(tf.scalar(255)))
    tf.toPixels(this.inputTensor, this.originalImg)
    this.updateDistortedTensor()
  }
}
```

이미 updateInputTensor 함수가 호출되었다면 inputTensor와 연관된 메모리를 처분하기 위해 this.inputTensor.dispose()를 호출합니다. updateInputTensor가 맨처음 호출되었다면 this.inputTensor.dispose() 메서드는 호출되지 않습니다.

이전 텐서의 메모리를 비운 후 tf.fromPixels() 메서드로 새 이미지가 포함된 HTML ImageElement를 전달합니다. tf.fromPixels() 메서드는 0부터 255까지 값을 가진 uint8 형식의 텐서 3D를 반환하므로 .toFloat() 메서드를 사용해 255로 나눕니다. 그러면 텐서 3D 크기가 조정되어 0과 1 사이의 값으로 변경됩니다. 이 부분은 tf.tidy() 메서드에서 처리된다는 점을 유념해야 합니다. 다양한 연산으로 생성된 모든 중간 텐서가 깨끗하게 정리정돈되고 반환된 최종 텐서는 this.inputTensor 변수에 할당합니다. 이로써 PNG 이미지를 앞으로 사용할 데이터 형식으로 변환했습니다.

이제 tf.toPixels() 메서드로 이미지 텐서를 사용자에게 보여줄 차례입니다. tf.toPixels() 메서드는 픽셀값의 tf.Tensor를 형식화 배열을 통해 캔버스에 그립니다. 입력 데이터 형식이 float32인 경우는 0~1 범위의 값으로 가정하고, int32인 경우는 0~255 범위의 값으로 가정합니다. 캔버스에 그려질 때는 Promise를 반환합니다.

this.inputTensor와 HTMLCanvasElement이면서 왜곡되지 않는 이미지인 this.originalImg를 전달합니다. tf.toPixels()는 비동기로 이미지가 그려지면 Promise를 반환합니다. 우리의 경우 이미지가 그려진 이후 아무런 작업이 필요 없으므로 프로미스를 무시했습니다.

마지막으로, this.distortedTensor 변수를 업데이트하기 위해 this.updateDistorted Tensor() 메서드를 호출합니다.

8.3.7 노이즈 업데이트

'Reapply noise' 버튼을 클릭하면 updateNoiseTensor() 메서드가 실행되고 숫자 이미지에 노이즈를 업데이트합니다.

```
updateNoiseTensor() {
  this.noiseTensor.dispose()
  this.noiseTensor = tf.randomNormal([28, 28, 1], 0, 0.5)
  this.updateDistortedTensor()
}
```

정말 간단한 함수입니다. 먼저, 이전 this.noiseTensor 변수에서 .dispose()를 호출해 사용한 GPU 메모리를 비웁니다. 다음으로, tf.randomNormal() 메서드에 출력 텐서의 형태 [28, 28, 1]과 생성된 노이즈의 평균 0 및 표준편차 0.05를 전달하고 새로운 텐서를 생성했습니다. 이제 생성된 noiseTensor를 숫자 이미지에 추가할 수 있습니다.

마지막으로, this.updateDistortedTensor()를 호출해 this.distortedTensor 변수를 다시 생성합니다.

8.3.8 이미지 노이즈가 제거된 이미지 생성하기

변수 this.distortedTensor는 숫자 이미지에 노이즈가 추가된 Tensor입니다. 숫자 이미지 또는 노이즈가 변경될 때마다 this.updateDistortedTensor() 메서드를 호출해 this.distortedTensor를 업데이트합니다.

```
updateDistortedTensor() {
  if (this.distortedTensor) {
    this.distortedTensor.dispose()
  }
  this.distortedTensor = tf.tidy(() => {
    return this.noiseTensor.add(this.inputTensor).clipByValue(0, 1)
  })
```

```
  tf.toPixels(this.distortedTensor, this.noisyImg)
  this.updateFixedTensor()
}
```

먼저, this.distortedTensor 변수로 인해 사용된 GPU 리소스를 버리기 위해 .dispose()
메서드를 사용합니다. 이를 위해 this.distortedTensor가 미리 정의되어 있는지를 확
인합니다.

기존 텐서를 버렸으니 새로운 텐서를 생성할 준비가 되었습니다. 매우 간단한 작업이
남았습니다. .add() 메서드로 this.noiseTensor와 this.inputTensor를 추가합니다.
그런 다음, 결괏값이 0과 1 사이인지 .clipByValue() 메서드를 통해 확인합니다. 모든
.clipByValue() 메서드는 최소-최대 **클립(clip)** 값을 정의합니다. 그리고 **tf.tidy()** 메서
드로 작업 중에 생성된 중간 텐서들을 정리합니다.

왜곡된 이미지를 브라우저에 표시하기 위해 **tf.toPixels()**를 호출해 새로 생성된
this.distortedTensor와 HTMLCanvasElement를 전달합니다.

마지막으로, this.updateFixedTensor()를 호출합니다. 방금 새로운 왜곡된 이미지를
생성했기 때문에 오토인코더를 통해 즉시 실행하고 노이즈가 제거된 새로운 이미지 텐
서를 생성했습니다.

8.3.9 이미지 노이즈 제거

this.updateFixedTensor() 메서드는 마지막 단계에서 이미지 노이즈를 제거하기 위
해 오토인코더를 통해 this.distortedTensor를 실행합니다.

```
updateFixedTensor() {
  if (this.fixedTensor) {
    this.fixedTensor.dispose()
  }
  this.fixedTensor = tf.tidy(() => {
    return this.model.predict(this.distortedTensor.expandDims()).squeeze()
  })
  tf.toPixels(this.fixedTensor, this.restoredImg)
}
```

앞서 그래왔듯이 처음 시작은 this.fixedTensor가 없는지 확인하고 .dispose()를 호출합니다.

오토인코더를 통해 왜곡된 이미지를 실행하기 앞서 this.distortedTensor에서 .expandDims() 메서드를 호출합니다. 그리고 이미지 텐서 형태 [28, 28, 1]을 [1, 28, 28, 1]로 변환합니다. 이전 애플리케이션과 마찬가지로, 우리가 사용하는 케라스 모델은 이미지 배치에서 작동하도록 설계되었으므로 입력 배치 크기를 1로 만들기 위해 차원을 추가해야 합니다. this.model.predict()를 통해 모델에서 새 텐서를 실행할 수 있습니다. 출력 결과는 [1, 28, 28, 1] 형태의 텐서입니다. 이 텐서는 오토인코더를 통과한 후 노이즈 제거된 이미지를 가지고 있습니다. 배치 크기 차원이 더 이상 필요하지 않으므로 .squeeze()를 호출해 제거하고 다시 텐서를 [28, 28, 1] 형태로 되돌립니다. 이 최종 텐서를 this.fixedTensor에 할당합니다.

마지막으로, 노이즈가 제거된 이미지를 보여주기 위해 tf.toPixels()를 호출해야 합니다. 이 메서드에 this.fixedTensor와 HTMLCanvasElement인 this.restoredImg를 전달합니다.

여기까지가 파이프라인의 최종 처리 단계입니다. 다른 메서드를 호출하지 않고 여기서 종료하겠습니다. 지금까지 잘 구현되었다면 브라우저 렌더링 도중에 새로 생성된 이미지가 사용자에게 보일 겁니다.

8.3.10 초기화 함수

initializeTensors() 클래스 메서드에 대해 간략히 살펴보겠습니다. 이 메서드는 모델이 로드되자마자 호출됩니다. 애플리케이션의 첫 번째 프로세싱 루프를 시작하여 사용자가 작업을 수행하기 전에 처리된 이미지를 즉시 볼 수 있습니다.

```
initializeTensors() {
  this.noiseTensor = tf.randomNormal([28, 28, 1], 0, 0.5)
  this.updateInputTensor()
}
```

노이즈 Tensor를 tf.randomNormal로 초기화해 함수를 만듭니다. updateNoise Tensor() 메서드로 돌아가서 dispose() 호출 전에 this.noiseTensor가 존재하는지 확인하지 않는 방법을 봅시다. 애플리케이션이 시작할 때 this.noiseTensor를 바로 초기화하는 이유도 이와 동일합니다.

그리고서 this.updateInputTensor()를 호출합니다. 나머지 단계는 다음과 같습니다.

1. 서버에서 랜덤 숫자 이미지를 로드합니다.
2. Tensor로 변환하고 this.inputTensor에 저장합니다.
3. this.distortedTensor를 생성하기 위해 this.noiseTensor를 추가합니다.
4. 오토인코더를 통해 this.distortedTensor를 실행하고 this.fixedTensor를 생성합니다.
5. this.inputTensor, this.distortedTensor 및 this.fixedTensor가 tf.toPixels()를 통해 사용자에게 보여지는지 확인합니다.

8.3.11 마치며

이번 장에서는 노이즈가 없는 오토인코더를 실행하는 웹 애플리케이션을 만들었습니다. 케라스 모델을 TensorFlow.js로 가져와 모델로 사용했는데, 이 단계는 이전에 만든 LSTM 텍스트 생성과 비슷합니다. 그러나 이번 실습에서는 TensorFlow.js 내장 이미지 지원 메서드인 tf.fromPixels 및 tf.toPixels를 사용해 브라우저의 이미지를 Tensor 객체로 바로 변환할 수 있었습니다.

8.4 정리

여기까지 먼 길을 달려오느라 수고가 많으셨습니다! 이번 장에서는 TensorFlow.js를 사용해 실제 딥러닝이 적용된 웹 애플리케이션 세 가지를 직접 개발해 봤습니다. 실습을 통해 익힌 지식을 통해 앞으로 여러분이 만들 애플리케이션에 도움이 되었기를 바랍니다.

이 책의 실습 예제를 토대로 더 멋진 작품을 만들어 보길 바랍니다.

끝으로, TensorFlow.js 웹 애플리케이션을 위한 몇 가지 팁을 남기겠습니다. 여러분의 앞날을 응원합니다!

- **모델 아키텍처와 규모를 신중하게 고르세요.** 단일 작업을 수행하는 데 분당 1GB가 소요되는 모델은 브라우저에 적합하지 않습니다. 모든 사람이 GTX 1080 Ti 사양의 그래픽 카드를 가지고 있는 것이 아닙니다. 그보다 사용자 경험이 더 중요합니다. 성능이 낮은 장치에 최적화된 모델을 선택해야 합니다. 같은 맥락에서, 모델을 통해 하고자 하는 일을 신중히 생각해야 합니다. 간단한 예측이라도 학습하는 데 많은 시간이 걸립니다. 경우에 따라 10개의 합성곱층으로 예측하기까지 5초가 소요되지만, 훈련은 전혀 되지 않을 수도 있습니다.

- **먼저 파이썬에서 학습 모델을 만드세요.** 처음부터 TensorFlow.js에서 전체 모델을 만들 수 있지만, 케라스 또는 텐서플로에서 모델을 작성하고 학습시키면 많은 시간을 절약할 수 있습니다. 물론 TensorFlow.js가 빠른 속도로 발전하고 있지만, 파이썬 프레임워크는 그보다 더 역사가 오래되었으며, 모델을 기반으로 할 수 있는 여러 예제와 샘플 코드가 훨씬 더 많습니다. 파이썬 프레임워크는 WebGL보다 훨씬 효율적으로 GPU를 활용할 수 있어 모델을 훨씬 빠르게 학습시킬 수 있습니다. 이후 tensorflowjs_converter 및 tf.loadModel()을 사용해 브라우저에 쉽게 포팅할 수 있습니다.

- **브라우저를 새로고침할 수 있게 하세요.** TensorFlow.js 루프가 무한 반복된 채로 GPU를 조작하면 브라우저가 멈추게 됩니다. 반복문이 tf.nextFrame()을 호출해 마쳤는지 확인하세요. 프로세싱 도중 UI를 업데이트해 사용자에게 더 좋은 경험을 제공할 수 있을 것입니다. 예를 들어, LSTM 텍스트 생성 애플리케이션에서 새로운 문자가 만들어질 때마다 UI를 업데이트할 수 있을 것입니다.

- **메모리 사용에 유의하세요.** tf.tidy() 메서드를 사용할 때 GPU 메모리 누수를 조심하세요. tf.tidy() 외부에서 새 Tensor를 만들 때마다 .dispos() 메서드를 호출할 곳을 주의 깊게 생각해야 합니다. tf.memory()로 애플리케이션을 디버깅하고 모든 텐서가 제대로 처리되었는지 확인하세요.

8.5 맺음말

이 책은 웹브라우저에서의 딥러닝 기술에 관해 전반적으로 설명했습니다. 이 책을 한 줄 한 줄 쓰는 도중에도 **WebXR Viewer, Exokit** 등 여러 신기술이 나왔습니다. 불과 몇 달 전만 해도 없었던 기술이었습니다. **매직 리프(Magic Leap)**는 증강현실 안경을 출시했으며, **Exokit**은 네이티브 VR/AR/XR 자바스크립트 엔진을 출시했습니다.

이러한 신기술에 딥러닝을 접목해 우리가 살고 있는 세계를 잘 표현할 수 있습니다. 딥러닝을 통해 실제와 가상의 간격을 메울 수 있는 새롭고 독창적인 방법을 발견할 수 있을 것입니다. 웹브라우저가 바로 이 무대가 될 것이라 확신합니다. 무엇보다도 웹브라우저를 잘 이해해야 할 것입니다. 이제 여러분은 이 책에서 배운 지식과 신기술을 접목해 다양하고 독창적인 작품을 만들어 보고 싶은 열망을 가지게 될 것이라 생각합니다. 웹의 미래를 함께 만들어 나갑시다. 여러분의 성공과 행운을 기원합니다!